Wolfram Kautzky · Günther Lackner

MEDIAS IN RES!

Wortschatztraining

für das vier- und sechsjährige Latein L4 L6

VERITAS
Gemeinsam besser lernen

INHALTSVERZEICHNIS

EINLEITUNG 5

I. GRUNDWORTSCHATZ 7

1. Familie und Verwandtschaft 7
2. Schule und Bildung 8
3. Privates Leben, Stadt, Wohnen 9
4. Öffentliches Leben, Politik, Staat .. 10
5. Liebe und Freude 13
6. Trauer und Schmerz 14
7. Krieg und Kampf 14
8. Religion und Götter 17
9. Leben und Tod 17
10. Körper und Ernährung 18
11. Natur und Tierwelt 19
12. Sprechen und Kommunizieren ... 20
13. Wahrnehmen und Denken 21
14. Bewerten und Einschätzen 22
15. Planen, Beschließen, Handeln 23
16. Bewegung und Nicht-Bewegung .. 25
17. Haben und Sein, Geben und Nehmen 27
18. Zeit und Raum 29
19. Menge und Grad 31
20. Zahlwörter 32
21. Pronomina 33
22. Präpositionen 35
23. Bindewörter 37
24. Fragewörter 39
25. Sonstige „Kleine Wörter" 39
26. Eigennamen 40

II. ERWEITERUNGSWORTSCHATZ .. 41

1. „Kleine Wörter" 41
2. Familie und Verwandtschaft 43
3. Körper und Aussehen 45
4. Liebe und Freude 46
5. Hass, Trauer, Leid 47
6. Trinken und Essen 48
7. Farben 49
8. Zeit 49
9. Natur 50
10. Religion, Götter, Schicksal 52
11. Götternamen 53
12. Politik, Staat, Rhetorik 53
13. Krieg und Kampf 55
14. Philosophie 56
15. Religion, Kirche, Bibel 58

III. VOKABEL-CHECKS ZUM GRUNDWORTSCHATZ 60

IV. ÜBUNGEN FÜR IT-AUFGABEN .. 67

1. Fremdwörter und Lehnwörter 67
2. Präfixe und Suffixe 70
3. Synonyme und Antonyme 75
4. Wortfamilien, Wort- und Sachfelder 78

Auf www.scook.at findest du:

- Lösungen zu den „Vokabel-Checks" und IT-Aufgaben
- eine alphabetische Liste aller im Grundwortschatz enthaltenen Vokabel inklusive der hier verwendeten Nummerierung
  ➜ Gehe auf www.scook.at ➜ Produktübersicht
  ➜ „Medias In Res! Wortschatztraining" eingeben
  ➜ **Gratismaterial** anklicken

EINLEITUNG

Vokabellernen gehört bei den meisten Schülerinnen und Schülern nicht gerade zu den Lieblingsbeschäftigungen, das ist unbestritten. Unbestritten ist aber auch, dass es Methoden gibt, wie man das Vokabelpauken leichter und effizienter machen kann.

Eine davon ist, dass man die einzelnen Vokabel thematisch ordnet und miteinander vernetzt. Genau das wirst du hier im *MIR*-Wortschatztraining vorfinden: Die Vokabel sind nicht alphabetisch, sondern **thematisch geordnet**. Dieses Prinzip soll dir helfen, beim Lernen die Zusammenhänge zwischen den verschiedenen Wörtern besser zu erkennen. Du wirst merken, dass du dir durch die Anordnung in Sachfeldern, Wortfeldern und Wortfamilien viele Wörter leichter merken kannst!

Außerdem findest du in einer Extraspalte viele zusätzliche Merkhilfen: Hinweise zur Wortbildung, Parallelen zu Englisch/Italienisch/Französisch/Spanisch, abgeleitete Fremd- und Lehnwörter, bekannte Sprichwörter sowie Beispielsätze aus den *MIR*-Lektionstexten.

Eine Frage, die sich viele Schülerinnen und Schüler nach dem Ende des Anfangsunterrichts stellen, lautet: „Wozu soll ich überhaupt noch Vokabel lernen, wenn ich ohnehin ein Wörterbuch verwenden darf?" Auf ersten Blick erscheint das ja wirklich eine unnötige Zeitverschwendung zu sein. Doch in der Praxis wirst du erkennen: Ohne ausreichende Vokabelkenntnisse klappt das Übersetzen gar nicht!

Erstens brauchst du bei der Schularbeit viel zu lange, wenn du jedes zweite Vokabel im Lexikon nachschlägst. Und zweitens werden dir in einem Wörterbuch die Vokabel nicht mehr so mundgerecht wie im Anfangsunterricht serviert, sondern du hast oft die Qual der Wahl, welche Bedeutung nun gerade die richtige ist. Daher ist es sinnvoll, wenn du die häufigsten Bedeutungen der Wörter beherrschst – und die werden dir im *MIR*-Wortschatztraining übersichtlich und prägnant serviert.

Du musst dir das Übersetzen wie ein Puzzle vorstellen: Je mehr Wörter du von vornherein weißt, desto schneller ergibt sich der Sinn der Wörter, die dir unbekannt sind.

Langer Rede kurzer Sinn: Es zahlt sich in jedem Fall aus, wenn du deinen Grundwortschatz regelmäßig updatest und ihn dann, je nach Thema, das bei euch gerade im Unterricht behandelt wird, noch systematisch erweiterst!

Hier noch ein paar Bemerkungen zum **Aufbau dieses Buches**:

1. Grundwortschatz:

Hier sind alle Vokabel der Grundbände von *Medias In Res!* in **26 Themenkreisen** zusammengefasst, d. h. alle Wörter der Lektionen 1–30 (MIR 5–6 **L4**) bzw. 1–35 (MIR 3–4 **L6**).

Innerhalb jedes Themas sind die Vokabel aufsteigend nach ihrem Vorkommen in den *MIR*-Lektionen geordnet. Wenn ihr also für die Schularbeit die Vokabel der Lektionen 1–17 beherrschen müsst, kannst du problemlos innerhalb jedes Themenkreises die Vokabel bis genau zu dieser Lektion lernen. (Und wenn deine Lehrerin/dein Lehrer nett ist, wirst du auch erfahren, welche Themen du speziell wiederholen sollst … ☺)

Der Grundwortschatz ist durchnummeriert. So kannst du bei den Querverweisen in der letzten Spalte bequem das Wort, auf das verwiesen wird, finden.

Beispielsätze aus den *MIR*-Lektionen

	Nr.	Lec.	1. Familie und Verwandtschaft		
☐	1.	2	**puella**, -ae f.	das Mädchen	*Puellae gaudent. = „Die Mädchen freuen sich."*
☐	2.	2	**puer**, púeri m.	der Bub, der Junge	*Pueri laeti sunt. = „Die Buben sind fröhlich."*

Kann ich's oder kann ich's nicht? ➜ Kästchen zum Abhaken der Vokabel, die du schon beherrschst

	Nr.	Lec.	4. Öffentliches Leben, Politik, Staat		
☐	98.	3	**spectaculum**, -i n.	das Schauspiel	*vgl. 384 spectare (= anschauen); Spektakel*
☐	99.	4	**alienus**/a/um	fremd	*Alien (Wesen aus fremder Welt)*

Vokabel aufsteigend nach Lektionen geordnet

Verweis auf andere Vokabel (z. B. aus der Wortfamilie)

Um den Grundwortschatz zu sichern, findest du auf den Seiten 60 bis 66 noch sieben Seiten **„Vokabel-Checks"**, anhand derer du die Vokabel von jeweils fünf Lektionen auf kreative und spielerische Weise wiederholen kannst.

2. Erweiterungswortschatz:

Dieser Abschnitt enthält Vokabel, die nach Abschluss des Anfangsunterrichts für die Lektüre der einzelnen Oberstufen-Module besonders wichtig sind. Auch sie sind wieder thematisch gegliedert, und zwar in **15 Themenkreise**. So kannst du dir zu den Texten, die ihr gerade im Unterricht übersetzt, auf einfache Weise ein Zusatzvokabular aneignen, das über den Grundwortschatz hinausgeht.

3. Übungen für IT-Aufgaben:

Bei den Schularbeiten der Lektürephase musst du nicht nur einen Text übersetzen (ÜT = Übersetzungstext), sondern auch einen weiteren Text „interpretieren" (IT = Interpretationstext), d. h. „kompetenzorientierte Arbeitsaufträge" dazu bearbeiten.

Damit du diese Arbeitsaufgaben gut bewältigen kannst, haben wir im Übungsteil die wichtigsten Basics für diese Fragestellungen zusammengestellt: Welche Bedeutung lateinische Vor- und Nachsilben haben, was Fremd- von Lehnwörtern unterscheidet, was Synonyme und Assimilationen sind, wodurch sich Wort- von Sachfeldern unterscheiden etc.

Effizienter kannst du dich auf diese Schularbeits-Frageformate nicht vorbereiten!

4. Lösungen:

Lösungen zu den „Vokabel-Checks" und den Übungen für IT-Aufgaben findest du auf www.scook.at (siehe Seite 4).

***

So, und nun kannst du mit dem neuen *MIR*-Wortschatztraining gleich *medias in res* gehen!

Viel Erfolg beim Vokabellernen wünschen dir

Wolfram Kautzky & Günther Lackner

GRUNDWORTSCHATZ

Nr.	Lec.	1. Familie und Verwandtschaft		
☐ 1.	2	**puella**, -ae f.	das Mädchen	*Puellae gaudent. = „Die Mädchen freuen sich."*
☐ 2.	2	**puer**, púeri m.	der Bub, der Junge	*Pueri laeti sunt. = „Die Buben sind fröhlich."*
☐ 3.	3	**vir**, viri m.	der Mann	*das Triumvirat = „Dreimännerbündnis"*
☐ 4.	4	**femina**, -ae f.	die Frau	*feminin, Feministin (= Frauenrechtlerin)*
☐ 5.	6	**liberi**, liberorum m. (Pl.)	die Kinder	*Salvete, liberi! = „Seid gegrüßt, Kinder!"*
☐ 6.	6	**filia**, -ae f.	die Tochter	*Filiale (= Zweigstelle, Nebenstelle)*
☐ 7.	6	**filius**, -i m.	der Sohn	*frz. fils, ital. figlio*
☐ 8.	8	**familia**, -ae f.	die Familie	*pater familias (= Familienoberhaupt)*
☐ 9.	8	**servus**, -i m.	Sklave	*Servus (sum)! = „Ich bin dein Diener!"*
☐ 10.	(18)	→ **servitus**, servitutis f.	die Sklaverei	*-tus (Eigenschaft)*
☐ 11.	(20)	→ **serva**, -ae f.	die Sklavin	
☐ 12.	9	**homo**, hominis **m.**	der Mensch	*Homo homini lupus. = „Der Mensch (ist) dem Menschen ein Wolf (= Feind)."*
☐ 13.	(30)	→ **humanus/a/um**	menschlich	*Errare humanum est. = „Irren ist menschlich."*
☐ 14.	11	**virgo**, virginis f.	das Mädchen, die Jungfrau	*engl. virgin*
☐ 15.	12	**adulescens**, adulescentis m.	der junge Mann (ca. 18–30 Jahre)	*engl. adult*
☐ 16.	12	**parentes**, parentum m.	die Eltern	*engl. + frz. parents*
☐ 17.	12	**pater**, patris m.	der Vater	*Pater Noster = „Vater unser"*
☐ 18.	15	**matrimonium**, -i n.	die Ehe	
☐ 19.	15	→ **in matrimonium ducere**	heiraten (aus männlicher Sicht)	*Orpheus Eurydicen in matrimonium duxerat. = „O. hatte E. geheiratet."*
☐ 20.	15	**uxor**, uxóris f.	die Gattin	*Orpheus cum uxore ad terram redire voluit. = „O. wollte mit der Gattin auf die Welt zurückkehren."*

☐ 21.	17	**iuvenis**, iuvenis m.	der junge Mann (ca. 30–45 Jahre)	*Cicero iam iuvenis orator clarus fuit. = „C. war schon als junger Mann ein berühmter Redner."*
☐ 22.	17	**socius**, -i m.	der Gefährte	*sozial, Sozius (= Beifahrersitz)*
☐ 23.	20	**mulier**, mulíeris f.	die Frau	*span. mujer; vgl. 4 femina (= Frau)*
☐ 24.	21	**marítus**, -i m.	der Ehemann, der Gatte	*franz. mari, ital. marito*
☐ 25.	22	**frater**, fratris m.	der Bruder	*ital. fratello, franz. frère*
☐ 26.	33	**senex**, senis m.	der Greis, der alte Mann	*senil (= greisenhaft); Senat (= Ältestenrat)*
☐ 27.	34	**comes**, comitis m.	der Begleiter	*unus ex eius comitibus = „einer von seinen Begleitern"*
☐ 28.	35	**soror**, sorórис f.	die Schwester	*ital. sorella; ad sororem collocandam = „um die Schwester zu verheiraten"*

Nr.	Lec.	2. Schule und Bildung		
☐ 29.	1	**schola**, -ae f.	die Schule	*Non scholae, sed vitae discimus. = „Nicht für die Schule, sondern fürs Leben lernen wir."*
☐ 30.	1	**pensum**, -i n.	die Aufgabe	*das Arbeitspensum*
☐ 31.	1	**discipula**, -ae f.	die Schülerin	
☐ 32.	1	**discipulus**, -i m.	der Schüler	
☐ 33.	(16)	→ **díscere** 3, didici, -	lernen	*vitae discimus = „Wir lernen fürs Leben."*
☐ 34.	2	**magister**, -tri m.	der Lehrer	*der Maestro (= Konzert-Meister)*
☐ 35.	2	**docére** 2, -ui, doctum	lehren, unterrichten	*Dozent; Magister linguam Latinam docet. = „Der Lehrer unterrichtet Latein."*
☐ 36.	2	**liber**, libri m.	das Buch	*engl. library (= Bibliothek)*
☐ 37.	3	**monstrare** 1, -avi, -atum	zeigen	*die Monstranz (= Zeigen der Hostie)*
☐ 38.	(31)	→ **demonstrare** 1, -avi, -atum	zeigen, darlegen	*Demonstration, demonstrieren*
☐ 39.	7	**légere** 3, legi, lectum	lesen	*Lektüre, Legende*
☐ 40.	8	**exemplum**, -i n.	das Beispiel	*exemplarisch (= beispielhaft); engl. for example = „zum Beispiel"*
☐ 41.	8	**parére** 2, -ui, -	gehorchen	*parieren (= gehorchen)*
☐ 42.	13	**neglégere** 3, neglexi, neglectum	missachten, ignorieren	*engl. to neglect; Icarus verba patris neglexit. = „I. ignorierte die Worte des Vaters."*
☐ 43.	14	**prudentia**, -ae f.	die Klugheit	*span. prudencia*
☐ 44.	(18)	→ **prudens** (m./f./n.), prudentis (2.F.)	klug	*Caesar prudentior quam alii imperatores fuit. = „C. war klüger als die anderen Feldherren."*
☐ 45.	15	**condicio**, condicionis f.	die Bedingung	*condicio, sine qua non = „eine Bedingung, ohne die (es) nicht (geht)"*
☐ 46.	17	**littera**, -ae f.	1) Sg.: der Buchstabe 2) Pl.: der Brief, die Wissenschaft	*die Lettern (= Großbuchstaben), Literatur; engl. letter*
☐ 47.	17	**studére** 2, -ui (+ Dat.)	sich bemühen (um), streben (nach)	*studieren, Student; Catilina rebus novis studuit. = „C. strebte einen Umsturz an."*
☐ 48.	(29)	→ **studium**, -i n.	1) der Eifer; 2) die Begeisterung	
☐ 49.	23	**causa**, -ae f.	der Grund, die Ursache	*Kausalsatz (= Begründungssatz)*
☐ 50.	(29)	→ **qua de causa**	1) weshalb? 2) deshalb (relativer Anschluss)	*wörtl. „aus welchem Grund?"*

☐ 51.	24	**errare** 1, -avi, -atum	irren, sich irren	*Errare humanum est. = „Irren ist menschlich."*
☐ 52.	25	**poeta**, -ae **m.**	der Dichter	*Apud Homerum poetam legimus … = „Wir lesen beim Dichter Homer …"*
☐ 53.	25	**diligens** (m./f./n.), diligentis (2.F.)	sorgfältig, genau	*engl. diligent; Polyphemus oves diligenter manibus tetigit. = „P. tastete die Schafe sorgfältig mit den Händen ab."*
☐ 54.	(33)	→ **diligentia**, -ae f.	die Sorgfalt	*-ia (Eigenschaft)*
☐ 55.	29	**scríbere** 3, scripsi, scriptum	schreiben	*Skriptum, Manu-skript*
☐ 56.	32	**explorare** 1, -avi, -atum	ausforschen, erforschen	*engl. to explore; Socrates sapientiam hominum sermone explorabat. = „S. erforschte die Weisheit der Menschen im Gespräch."*
☐ 57.	32	**philósophus**, -i m.	der Philosoph	*Si tacuisses, philosophus mansisses. = „Hättest du geschwiegen, wärest du ein Philosoph geblieben." (d. h. dann würde man dich für klug halten können)*
☐ 58.	32	**sapiens** (m./f./n.), sapientis (2.F.)	weise, klug	*vgl.* **44** *prudens (= klug); der Homo sapiens (= der vernunftbegabte Mensch)*
☐ 59.	32	**sapientia**, -ae f.	die Weisheit, die Klugheit	*-ia (Eigenschaft)*

Nr.	Lec.	**3. Privates Leben, Stadt, Wohnen**		
☐ 60.	3	**aedificium**, -i n.	das Gebäude	*ital. + span. edificio*
☐ 61.	(6)	→ **aedificare** 1, -avi, -atum	bauen	*Ingens equus ligneus aedificatus est. = „Ein gewaltiges hölzernes Pferd wurde gebaut."*
☐ 62.	3	**forum**, -i n.	das Forum, der Marktplatz	*das Internet-Forum*
☐ 63.	3	**statua**, -ae f.	die Statue	*vgl.* **516** *stare (= stehen)*
☐ 64.	3	**via**, -ae f.	der Weg, die Straße	*der/das Viadukt (= Brücke über ein Tal)*
☐ 65.	(27)	→ **obviam** (Adv.)	entgegen	*Christus Petro obviam venire videbatur. = „Christus schien Petrus entgegenzukommen."*
☐ 66.	6	**oppidum**, -i n.	die Stadt	↔ **73** *urbs = (Haupt-)Stadt*
☐ 67.	7	**habitare** 1, -avi, -atum	bewohnen	*engl. inhabitant (= Einwohner)*
☐ 68.	7	**domi** (Adv.)	zu Hause	*Domi sum. = „ich bin zu Hause."*
☐ 69.	7	**domum** (Adv.)	nach Hause	*Domum venio. = „Ich komme nach Hause."*
☐ 70.	(15)	→ **domus**, domus **f.**	das Haus	*Dom, Domizil*
☐ 71.	10	**navis**, navis f.	das Schiff	*die Navigation (= Steuerung eines Schiffes)*
☐ 72.	10	**porta**, -ae f.	die Tür, das Tor	*das Portal, der Portier; Hannibal ante portas! = „H. (ist) vor den Toren!"*
☐ 73.	10	**urbs**, urbis f.	die Stadt	*urban (= städtisch); Urbi et orbi. = „Der Stadt (Rom) und dem Erdkreis." (Papstsegen zu Ostern und zu Weihnachten)*
☐ 74.	11	**locus**, -i m.	der Ort, der Platz	*Lokal, lokalisieren*
☐ 75.	13	**ars**, artis f.	die Kunst	*der Artist; engl. + frz. art*
☐ 76.	13	**artificium**, -i n.	das Kunstwerk	*Daedalus multa artificia confecit. = „D. vollendete viele Kunstwerke."*

□ 77.	13	**res**, rei f.	die Sache	*Medias in res! = „Mitten (hinein) in die Sachen!"; vgl.* **123** *res publica (= Staat)*
□ 78.	14	**cena**, -ae f.	die Mahlzeit, das Mahl	*ital. + span. cena (= Abendessen)*
□ 79.	14	**invitare** 1, -avi, -atum	einladen	*engl. to invite; Di Tantalum ad cenas suas invitaverunt. = „Die Götter luden T. zu ihren Mahlzeiten ein."*
□ 80.	15	**iter**, itineris **n.**	1) der Weg; 2) die Reise	*ital. + span. itinerario; vgl.* **518** *iter facere (= eine Reise machen, marschieren)*
□ 81.	16	**natio**, nationis f.	das Volk	*inter-national („zwischen den Völkern")*
□ 82.	17	**incola**, -ae **m.**	der Bewohner, der Einwohner	*incolae huius provinciae = „die Bewohner dieser Provinz"*
□ 83.	20	**custos**, custódis m.	der Wächter	*der Kustos (= Verwalter einer Sammlung)*
□ 84.	22	**moenia**, moenium n. (Pl.)	die (Stadt-)Mauern	*intra moenia = „innerhalb der Mauern"*
□ 85.	22	**incéndere** 3, incendi incensum	anzünden	*Troiani castra Graecorum incendebant. = „Die T. zündeten das Lager der Griechen an."*
□ 86.	(26)	→ **incendium**, -i n.	der Brand	*Roma incendio vastata est. = „Rom wurde durch einen Brand zerstört."*
□ 87.	23	**arx**, arcis f.	die Burg	*Troiani equum in arce statuerunt. = „Die Trojaner stellten das Pferd in der Burg auf."*
□ 88.	23	**celebrare** 1, -avi, -atum	feiern	*zelebrieren, engl. celebrity (= Promi)*
□ 89.	23	**flamma**, -ae f.	die Flamme	*Troia flammis consumpta est. = „Troja wurde duch die Flammen vernichtet."*
□ 90.	23	**vinum**, -i n.	der Wein	*In vino veritas. = „Im Wein (liegt) die Wahrheit."*
□ 91.	24	**ardére** 2, arsi, (arsurus)	brennen	*Oppidum ardentem video. = „Ich sehe die brennende Stadt."*
□ 92.	25	**ignis**, ignis **m.**	das Feuer	*Ulixes truncum ex igne sumpsit. = „Odysseus nahm einen Holzpfahl aus dem Feuer."*
□ 93.	26	**cóndere** 3, -didi, -ditum	gründen	*ab urbe condita = „seit der Gründung der Stadt" (angeblich 753 v. Chr.)*
□ 94.	26	**ornare** 1, -avi, -atum	schmücken	*das Ornament (= Verzierung)*
□ 95.	26	**privatus**/a/um	privat	*↔* **149** *publicus (= öffentlich); multa aedificia privata = „viele Privatgebäude"*
□ 96.	29	**pons**, pontis **m.**	die Brücke	*der Pontifex maximus (= der Papst als „Brückenbauer")*
□ 97.	34	**mensa**, -ae f.	der Tisch	*die Mensa (= Buffet in Hochschulen etc.)*

4. Öffentliches Leben, Politik, Staat

Nr.	Lec.			
□ 98.	3	**spectaculum**, -i n.	das Schauspiel	*vgl.* **384** *spectare (= anschauen); Spektakel*
□ 99.	4	**alienus**/a/um	fremd	*Alien (Wesen aus fremder Welt)*
□ 100.	6	**auxilium**, -i n.	die Hilfe	*engl. auxiliary verbs (= Hilfszeitwörter)*
□ 101.	6	**regnare** 1, -avi, -atum	herrschen, regieren	*Duo viri in oppido novo regnare non possunt. = „Zwei Männer können in der neuen Stadt nicht regieren."*
□ 102.	(11)	→ **rex**, regis **m.**	der König	*frz. roi, ital. re, span. rey*
□ 103.	(15)	→ **regina**, -ae f.	die Königin	
□ 104.	(20)	→ **regnum**, -i n.	1) das (König-)Reich; 2) die Herrschaft	*das Inter-regnum (= „Zwischenherrschaft")*
□ 105.	(33)	→ **regius**/a/um	königlich	*domus regia = „das königliche Haus"*
□ 106.	(33)	→ **régere** 3, rexi, rectum	1) leiten, lenken; 2) regieren	*Di-rektor*

☐ 107.	7	**iniuria**, -ae f.	das Unrecht	*in- (= nicht, un-) + ius (= Recht)*
☐ 108.	(17)	→ **ius**, iuris n.	das Recht	*Jus-Studium*
☐ 109.	(17)	→ **iustitia**, -ae f.	die Gerechtigkeit	*die Justiz (= staatliche Rechtspflege)*
☐ 110.	(33)	→ **iustus/a/um**	gerecht	*Solon senex iustissimus erat. = „Solon war ein sehr gerechter alter Mann."*
☐ 111.	7	**populus**, -i m.	das Volk	*SPQR = Senatus populusque Romanus*
☐ 112.	9	**gloria**, -ae f.	der Ruhm, die Ehre	*glorreich (= ruhmreich)*
☐ 113.	10	**honor**, honoris m.	die Ehre, das Ansehen	*vir summo honore = „ein sehr angesehener Mann"*
☐ 114.	(18)	→ **honestus/a/um**	ehrenhaft, ehrenvoll	*engl. honest (= anständig, ehrlich)*
☐ 115.	10	**patria**, -ae f.	die Heimat	*der Patriot; Ubi bene, ibi patria. = „Wo es gut ist (= wo es mir gut geht), ist die Heimat."*
☐ 116.	10	**virtus**, virtutis f.	1) die Tapferkeit; 2) die Tugend	*vgl. 3 vir (= Mann) + -tus (Eigenschaft); Hannibali magna virtus erat. = „Hannibal besaß große Tapferkeit."*
☐ 117.	16	**crux**, crucis f.	das Kreuz	*das Kruzifix; ital. croce*
☐ 118.	16	**nobilis/e**	1) adelig; 2) vornehm	*nobel; nobili genere natus = „aus adeligem Geschlecht (stammend)"*
☐ 119.	(17)	→ **nobilitas**, nobilitatis f.	der Adel	*Snob (aus: sine nobilitate = „ohne Adel")*
☐ 120.	16	**senatus**, senatus m.	der Senat	*eigtl. „Ältestenrat", vgl. 26 senex (= alter Mann)*
☐ 121.	(17)	→ **senator**, senatoris m.	der Senator	
☐ 122.	17	**consul**, cónsulis m.	der Konsul	*vgl. 376 consúlere (= befragen)*
☐ 123.	17	**res publica**, rei publicae f.	der Staat	*vgl. 77 res; wörtl. „die öffentliche Sache"; Republik*
☐ 124.	17	**exilium**, -i n.	das Exil, die Verbannung	*Verres in exilium iit. = „Verres ging ins Exil."*
☐ 125.	17	**oratio**, orationis f.	die Rede	*-tio (Tätigkeit); Verres Ciceronis orationem audivit. = „Verres hörte Ciceros Rede."*
☐ 126.	17	**orator**, oratoris m.	der Redner	*-tor (= Ausführender, Täter)*
☐ 127.	17	**provincia**, -ae f.	die Provinz	*die Provençe (= Region in Südfrankreich)*
☐ 128.	17	**iudicium**, -i n.	das Urteil	*die Jurisdiktion (= Rechtssprechung)*
☐ 129.	(21)	→ **iudicare** 1, -avi, -atum	urteilen, richten	*Iuppiter Paridem iudicare iussit. = „Jupiter befahl Paris zu urteilen."*
☐ 130.	17	**divitiae**, -arum f. (Pl.)	der Reichtum	*Verres in Sicilia sibi magnas divitias paravit. = „V. erwarb sich in Sizilien großen Reichtum."*
☐ 131.	(21)	→ **dives** (m./f./n.), divitis (2. F.)	reich	*Omnium divitissimus eris! = „Du wirst von allen der Reichste sein!" (Juno zu Paris)*
☐ 132.	18	**concilium**, -i n.	die Versammlung	*das Konzil (= Versammlung der Bischöfe); concilium convocare = „eine Versammlung einberufen"*
☐ 133.	18	**auctoritas**, auctoritatis f.	das Ansehen, der Einfluss	*Autorität; -tas (Eigenschaft); vgl. 476 augére*
☐ 134.	(26)	→ **auctor**, auctoris m.	1) der Urheber, der Anstifter; 2) der Autor	*apud quosdam auctores legimus = „bei einigen Autoren lesen wir"*
☐ 135.	18	**civitas**, civitatis f.	1) der Stamm; 2) die Gemeinde; 3) der Staat	*engl. city, frz. cité, ital. città, span. ciudad; nonnullae civitates Galliae = „einige Stämme Galliens"*
☐ 136.	(19)	→ **civis**, civis m.	der Bürger	*Zivilist*
☐ 137.	(29)	→ **civilis/e**	bürgerlich, Bürger-	*bellum civile (= Bürgerkrieg)*

☐ 138.	19	**dictator**, dictatoris m.	der Diktator	*im Kriegsfall röm. Oberbefehlshaber für max. sechs Monate*
☐ 139.	19	**lex**, legis f.	das Gesetz	*legal (dem Gesetz entsprechend), Legislative (gesetzgebende Gewalt im Staat)*
☐ 140.	19	**libertas**, libertatis f.	die Freiheit	*vgl.* **231** *liberare (= befreien) + -tas (Eigenschaft); engl. liberty, frz. liberté*
☐ 141.	19	**mos**, moris m.	die Sitte, der Brauch	*Moral (= Sittenlehre); more Romanorum = „nach dem Brauch der Römer"*
☐ 142.	19	**potestas**, potestatis f.	die Macht	*vgl.* **554** *posse (= können) + -tas (Eigenschaft); Caesaris potestas maxima erat. = „Cäsar besaß die höchste Macht."*
☐ 143.	(34)	→ **potens** (m./f./n.), potentis (2.F.)	mächtig	*potent*
☐ 144.	21	**controversia**, -ae f.	die Auseinandersetzung	*kontroversiell*
☐ 145.	21	**discordia**, -ae f.	die Zwietracht, der Streit	*↔ concordia (= Eintracht)*
☐ 146.	21	**occasio**, occasionis f.	die Gelegenheit	*die Okkasion (= Gelegenheitskauf); Eam occasionem Paris non praetermisit. = „Diese Gelegenheit ließ P. nicht vorübergehen."*
☐ 147.	22	**imperium**, -i n.	1) der Befehl; 2) die Herrschaft; 3) das Reich	*Imperativ (= Befehlsform), Imperialismus (das Streben nach Weltmacht)*
☐ 148.	26	**accusare** 1, -avi, -atum	anklagen	*engl. to accuse*
☐ 149.	26	**publicus**/a/um	öffentlich	*publizieren (= veröffentlichen); ↔* **95** *privatus (= privat)*
☐ 150.	26	**crimen**, criminis n.	das Verbrechen	*kriminell, Kriminalität; engl. crime*
☐ 151.	26	**princeps**, principis (Adj./Nomen)	1) (Adj.:) der erste 2) (Nomen:) der Prinzeps, der Kaiser	*der Prinz, der Prinzipat (= Form der Alleinherrschaft); iussu principis = „auf Befehl des Kaisers"*
☐ 152.	27	**dominus**, -i m.	der Herr	*dominieren*
☐ 153.	28	**eques**, equitis m.	der Reiter, der Ritter	*vgl.* **343** *equus (= Pferd)*
☐ 154.	28	**gens**, gentis f.	das Volk	*ital. + span. la gente (= Leute)*
☐ 155.	29	**plebs**, plebis f.	das (niedrige) Volk	*Plebiszit (= Volksabstimmung)*
☐ 156.	30	**pauper** (m./f./n.), pauperis (2.F.)	arm	*↔* **131** *dives (= reich)*
☐ 157.	30	**servire** 4, -ivi, -itum	dienen	*vgl.* **9** *servus (= Diener, Sklave)*
☐ 158.	32	**pecunia**, -ae f.	das Geld	*Pecunia non olet. = „Geld stinkt nicht."*
☐ 159.	33	**opes**, opum f. (Pl.)	der Reichtum, die Schätze	*vgl.* **130** *divitiae (= Reichtum); Croesus se ob opes suas beatissimum putabat. = „Krösus hielt sich wegen seines Reichtums für sehr glücklich."*
☐ 160.	35	**damnare** 1, -avi, -atum	verurteilen	*damnatio memoriae (= Verdammung des Andenkens)*
☐ 161.	35	**capitis damnare**	zum Tode verurteilen	*Damon capitis damnatus est. = „D. wurde zum Tode verurteilt."*
☐ 162.	35	**nefas** n.	der Frevel, das Unrecht	*propter hoc nefas = „wegen dieses Frevels"*

Nr.	Lec.	5. Liebe und Freude		
☐ 163.	1	**ridére** 2, risi, risum	lachen	*frz. rire, ital. ridere*
☐ 164.	1	**gaudére** 2, gavisus sum (Semideponens) (+ Abl.)	sich freuen (über)	*Gaudeamus igitur! = „Lasst uns also fröhlich sein!"*
☐ 165.	1	**laetus**/a/um	fröhlich	*Laetitia/Letizia (Vorname)*
☐ 166.	1	**libenter** (Adv.)	gern	*Plenus venter non studet libenter. = „Ein voller Bauch studiert nicht gerne."*
☐ 167.	1	**amica**, -ae f.	die Freundin	*ital. amica, frz. amie, span. amiga*
☐ 168.	1	**amicus**, -i m.	der Freund	*ital. amico, frz. ami, span. amigo*
☐ 169.	2	**amare** 1, -avi, -atum	lieben	*Amateur (= „Liebhaber" ↔ Profi)*
☐ 170.	(13)	→ **amor**, amoris m.	die Liebe	*franz. amour, ital. amore, span. amor*
☐ 171.	(18)	→ **amicitia**, -ae f.	die Freundschaft	*-itia (Zustand)*
☐ 172.	4	**placére** 2, -ui, -itum	gefallen	*franz. S'il vous plaît (= placet) = wörtl.: „Wenn es Ihnen gefällt" (= „bitte")*
☐ 173.	4	**gaudium**, -i n.	die Freude	*„a Mordsgaudi" (= ein riesiger Spaß)*
☐ 174.	(20)	→ **gaudio esse**	Freude bereiten	*Hoc donum Cleopatrae gaudio erat. = „Dieses Geschenk bereitete Kleopatra Freude."*
☐ 175.	5	**delectare** 1, -avi, -atum	(jemanden) erfreuen	*Variatio delectat. = „Abwechslung erfreut (macht Freude)."*
☐ 176.	6	**gratus**/a/um	1) dankbar; 2) lieb, angenehm	*Ego deis gratus sum. = „Ich bin den Göttern dankbar/lieb."*
☐ 177.	(25)	→ **gratia**, -ae f.	der Dank	*ital. grazie, span. gracias*
☐ 178.	(25)	→ **gratias agere**	danken	*wörtl.: „Dank abstatten"*
☐ 179.	11	**lúdere** 3, lusi, lusum	spielen	*das Präludium (= Vorspiel)*
☐ 180.	13	**cúpere** M, cupivi, cupitum	wünschen, begehren	*vgl.* **190** *optare (= wünschen)*
☐ 181.	(16)	→ **cupiditas**, cupiditatis f.	die Begierde, die Gier	*Gott Cupido (= Gott Amor)*
☐ 182.	(26)	→ **cupidus**/a/um (+ Gen.)	gierig (nach etwas)	*Nero gloriae cupidus erat. = „Nero war gierig nach Ruhm."*
☐ 183.	21	**fides**, fidei f.	die Treue, das Vertrauen	*high fidelity = Hi-Fi (= hohe Wiedergabetreue eines Audiogerätes)*
☐ 184.	23	**favére** 2, favi, fautum (+ Dat.)	begünstigen, bevorzugen	*favorisieren*
☐ 185.	24	**sperare** 1, -avi, -atum	hoffen	*Dum spiro, spero. = „Solange ich atme, hoffe ich."*
☐ 186.	(28)	→ **spes**, spei f.	die Hoffnung	*Nulla spes auxilii erat. = „Es gab keine Hoffnung auf Hilfe."*

☐ 187.	28	**felix** (m./f./n.), felícis (2.F.)	glücklich, erfolgreich	*Vorname Felix*
☐ 188.	30	**beneficium**, -i n.	die Wohltat	*aus 405 bene (= gut) + 454 fácere (= tun); Benefizveranstaltung*
☐ 189.	30	**misericordia**, -ae f.	das Mitleid	*vgl. 199 miser (= arm, elend)*
☐ 190.	33	**optare** 1, -avi, -atum	wünschen	*Option (= Wahlmöglichkeit)*
☐ 191.	33	**beatus**/a/um	glücklich	*Vorname Beate*

Nr.	Lec.	6. Trauer und Schmerz		
☐ 192.	2	**iratus**/a/um	zornig, erzürnt	
☐ 193.	(22)	→ **ira**, -ae f.	der Zorn	
☐ 194.	5	**terrére** 2, -ui, -itum	(jemanden) erschrecken	*terrorisieren, der Terrorist*
☐ 195.	7	**tolerare** 1, -avi, -atum	ertragen	*tolerant (= nachsichtig)*
☐ 196.	9	**timére** 2, -ui, -	fürchten	*ital. temere*
☐ 197.	(33)	→ **timeo, ne** …	ich fürchte, dass …	*Croesus timuit, ne hostes se vincerent. = „Krösus fürchtete, dass die Feinde ihn besiegen würden."*
☐ 198.	(10)	→ **timor**, timóris m.	die Furcht	*Romani magno in timore erant. = „Die Römer waren in großer Furcht."*
☐ 199.	12	**miser**/era/erum	1) arm, elend; 2) unglücklich	*die Misere (= Notlage)*
☐ 200.	13	**metus**, metus m.	die Furcht, die Angst	*Icarus sine metu post Daedalum volabat. = „Ikarus flog ohne Furcht hinter Dädalus."*
☐ 201.	(29)	→ **metuere** 3, metui, -	fürchten	*Maxentius Roma exire metuit. = „M. fürchtete sich, Rom zu verlassen."*
☐ 202.	15	**flere** 2, flevi, fletum	weinen	*Orpheus diu flebat. = „O. weinte lange."*
☐ 203.	15	**dolor**, dolóris m.	der Schmerz	*ital. dolore, span. dolor*
☐ 204.	15	**dolére** 2, -ui, -	trauern, Schmerz empfinden	*Orpheus diu dolebat. = „Orpheus trauerte lange."*
☐ 205.	27	**lacrima**, -ae f.	die Träne	*ital. lacrima*
☐ 206.	30	**pati** M, passus sum (D)	ertragen, erdulden	*der Patient; Frigus vix patiebatur. = „Er konnte die Kälte kaum ertragen."*
☐ 207.	30	**veréri** 2, veritus sum (D)	fürchten, sich scheuen	*vgl. 196 timére / 201 metúere (= fürchten)*

Nr.	Lec.	7. Krieg und Kampf		
☐ 208.	4	**superare** 1, -avi, -atum	1) besiegen; 2) übertreffen	*Gladiator retiarium superat. = „Der Gladiator besiegt den Netzkämpfer."*
☐ 209.	4	**gladius**, -i m.	das Schwert	*Gladiole (= Blume mit schwertförmigen Blättern)*
☐ 210.	(16)	→ **gladiator**, gladiatoris m.	der Gladiator	*-tor (= Ausführender, Täter)*
☐ 211.	4	**pugnare** 1, -avi, -atum	kämpfen	*gladio pugnare = „mit dem Schwert kämpfen"*
☐ 212.	(9)	→ **expugnare** 1, -avi, -atum	erobern	*ex- (= heraus)*
☐ 213.	(9)	→ **oppugnare** 1, -avi, -atum	bestürmen, belagern	*ob- (= entgegen)*
☐ 214.	(10)	→ **pugna**, -ae f.	der Kampf	*Hannibal nonnullis pugnis Romanos vicit. = „H. besiegte die Römer in einigen Schlachten."*
☐ 215.	7	**arma**, -orum n. (Pl.)	die Waffen	*Armee, Alarm (ad arma = „zu den Waffen")*

☐ 216.	7	**bellum**, -i n.	der Krieg	*Rebellion*
☐ 217.	7	**bellum gerere**	Krieg führen	*Bélla geránt alií, tu, félix Aústria, núbe! = „Kriege mögen andere führen, du, glückliches Österreich, heirate!“*
☐ 218.	7	**rápere** M, rapui, raptum	rauben	*engl. rapid (= reißend schnell)*
☐ 219.	7	**nuntius**, -i m.	1) der Bote; 2) die Nachricht	*der Nuntius (= päpstlicher Botschafter)*
☐ 220.	(29)	→ **nuntiare** 1, -avi, -atum	melden	*Victoria nuntiata est. = „Der Sieg wurde gemeldet.“*
☐ 221.	8	**resístere** 3, -stiti, -	Widerstand leisten	*resistent (= widerstandsfähig); Lucretia Tarquinio resistere non potuit. = „L. konnte T. keinen Widerstand leisten.“*
☐ 222.	8	**castra**, -orum n. (Pl.)	das Lager	*Kastell (= kleines Lager)*
☐ 223.	8	**expéllere** 3, -puli, -pulsum	vertreiben, verjagen	*ex- (= hinaus) + **544** péllere (= schlagen); Romani familiam Tarquiniorum expulerunt. = „Die R. vertrieben die Familie der Tarquinier.“*
☐ 224.	9	**occupare** 1, -avi, -atum	besetzen	*okkupieren (z. B. ein fremdes Land)*
☐ 225.	9	**delére** 2, delevi, deletum	zerstören	*engl. to delete = „löschen“*
☐ 226.	9	**fúgere** M, fugi, (fugiturus) (+ Akk.)	fliehen (vor)	*Refugium (= Zufluchtsort), Zentrifuge; Fugio te. = „Ich fliehe vor dir.“*
☐ 227.	(27)	→ **fuga**, -ae f.	die Flucht	*engl. refugee (= Flüchtling)*
☐ 228.	9	**servare** 1, -avi, -atum	retten, bewahren	*kon-servieren*
☐ 229.	9	**miles**, militis m.	der Soldat	*Militär*
☐ 230.	(30)	→ **militaris**, -e	militärisch, Militär-	*vestis militaris = „das Militärgewand“ (die Uniform)*
☐ 231.	10	**liberare** 1, -avi, -atum	befreien	*liberalisieren (= von Regelungen befreien); timore liberare = „von Furcht befreien“*
☐ 232.	10	**copiae**, -arum f. (Pl.)	die Truppen	*↔ **654** copia (= Menge, Vorrat)*
☐ 233.	10	**pax**, pacis f.	der Friede	*der Pazifist (= Kriegsgegner); engl. peace*
☐ 234.	10	**prohibére** 2, prohibui, prohibitum	1) ab/fernhalten; 2) (ver)hindern	*Romani Hannibalem urbe prohibuerunt. = „Die Römer hielten Hannibal von der Stadt fern.“*
☐ 235.	10	**hostis**, hostis m.	der Feind	*engl. hostile (= feindlich)*
☐ 236.	10	**imperator**, imperatoris m.	1) der Feldherr; 2) der Kaiser	*-tor (= Ausführender, Täter)*
☐ 237.	(11)	→ **imperare** 1, -avi, -atum	befehlen	*Imperativ (= Befehlsform)*
☐ 238.	10	**víncere** 3, vici, victum	(be)siegen	*Veni, vidi, vici. = „Ich kam, sah, siegte.“*
☐ 239.	(23)	→ **victoria**, -ae f.	der Sieg	*engl. victory, Vorname Viktoria*
☐ 240.	(29)	→ **victor**, victoris m.	1) (Adj.:) siegreich 2) (Nomen:) der Sieger	*Constantinus victor Romam intravit. = „K. betrat als Sieger (siegreich) die Stadt.“*
☐ 241.	12	**periculum**, -i n.	die Gefahr	*Theseus pericula non timet. = „Th. fürchtet keine Gefahren.“*
☐ 242.	14	**poena**, -ae f.	die Strafe	*poenas sólvere = „eine Strafe verbüßen“; Pönale (= Strafgeld), Penalty (= Strafstoß)*
☐ 243.	14	**punire** 4, -ivi, -itum	bestrafen	*Di Sisyphum puniverunt. = „Die Götter bestraften Sisyphus.“*
☐ 244.	14	**scelus**, sceleris n.	das Verbrechen	*Sisyphus nonnulla scelera commiserat. = „S. hatte einige Verbrechen begangen.“*
☐ 245.	16	**atrox** (m./f./n.), atrócis (2.F.)	wild, grässlich	*Servos pugna atroci vicit. = „Er besiegte die Sklaven in einem wilden Kampf.“*

☐ 246.	16	**crudelis/e**	grausam	*engl. cruel; spectacula crudelia = „die grausamen Schauspiele"*
☐ 247.	16	**exercitus**, exercitus m.	das Heer	*exercitu victo = „nachdem das Heer besiegt worden war"*
☐ 248.	16	**exercére** 2, -ui, -itum	trainieren, üben	*exerzieren; Spartacus servos armis exercuit. = „Spartacus trainierte die Sklaven mit Waffen."*
☐ 249.	16	**se recípere**	sich zurückziehen	*Catilina se ad copias suas recepit. = „Catilina zog sich zu seinen Truppen zurück."; vgl.* **564** *recípere (= aufnehmen)*
☐ 250.	16	**fortis/e**	tapfer	*Fortes fortuna adiuvat. = „Den Tapferen hilft das Glück."; ↔* **837** *Adv. forte (= zufällig)*
☐ 251.	(21)	→ **fortitudo**, fortitudinis f.	die Tapferkeit	*-tudo (Eigenschaft)*
☐ 252.	17	**cógere** 3, coégi, coactum	1) (ver)sammeln; 2) zwingen	*co- (= zusammen) +* **472** *ágere (= treiben); Catilina magnas copias coegit. = „C. sammelte große Truppen."*
☐ 253.	18	**acer**/acris/acre	1) heftig; 2) spitz, scharf	*Proelium acrius coepit. = „Es begann eine ziemlich heftige Schlacht."*
☐ 254.	18	**legio**, legionis f.	die Legion	*ca. 4000–6000 Mann*
☐ 255.	18	**proelium**, -i n.	die Schlacht	*proelium committere = „eine Schlacht beginnen"*
☐ 256.	19	**defendere** 3, -fendi, -fensum	verteidigen	*defensiv*
☐ 257.	19	**vulnus**, vúlneris n.	die Wunde	*Multis vulneribus affectus Caesar clamavit. = „Schwer verletzt schrie Cäsar (auf)."*
☐ 258.	20	**clades**, cladis f.	die Niederlage	*Marcus Antonius cladem timebat. = „Mark Anton fürchtete eine Niederlage."*
☐ 259.	20	**classis**, classis f.	die Flotte	*Cleopatra cum classe sua in patriam fugit. = „K. floh mit ihrer Flotte in die Heimat."*
☐ 260.	20	**claúdere** 3, clausi, clausum	einschließen, schließen	*die Klausur (= das Abgeschlossensein)*
☐ 261.	(23)	→ **inclúdere** 3, -clusi, -clusum	einschließen	*inklusive; Viri in equo inclusi sunt. = „Die Männer wurden im Pferd eingeschlossen."*
☐ 262.	21	**certare** 1, -avi, -atum	streiten, wetteifern	*Tres deae de malo certare coeperunt. = „Drei Göttinnen begannen um den Apfel zu streiten."*
☐ 263.	21	**iácere** M, ieci, iactum	werfen, schleudern	*pro-jizieren, Pro-jektor; Alea iacta est. = „Der Würfel ist geworfen (= gefallen)."*
☐ 264.	25	**laédere** 3, laesi, laesum	verletzen	*lädiert*
☐ 265.	26	**vastare** 1, -avi, -atum	verwüsten	*Urbs incendio vastata est. = „Die Stadt wurde durch den Brand verwüstet."*
☐ 266.	29	**signum**, -i n.	das Zeichen	*In hoc signo vinces. = „In/mit diesem Zeichen wirst du siegen."*
☐ 267.	31	**dux**, ducis m.	der Führer, der Feldherr	*vgl.* **508** *dúcere (= führen)*
☐ 268.	31	**ággredi** M, aggressus sum (D)	angreifen	*aggressiv (= angriffslustig); copiis aggredientibus = „als die Truppen angriffen"*
☐ 269.	31	**legatus**, -i m.	der Gesandte	*Legati Delphos missi sunt. = „Gesandte wurden nach Delphi geschickt."*
☐ 270.	33	**legatio**, -onis f.	die Gesandtschaft	*die Delegation (Abordnung von Gesandten)*
☐ 271.	35	**obses**, obsidis m.	die Geisel	*Tibi amicum obsidem relinquo. = „Ich lasse dir den Freund als Geisel zurück."*

Nr.	Lec.	8. Religion und Götter		
☐ 272.	3	**templum**, -i n.	der Tempel	*frz. temple, ital. tempio*
☐ 273.	3	**dea**, -ae f.	die Göttin	*frz. déesse, ital. dea*
☐ 274.	3	**deus**, -i m. (1.F.Pl. : di/ dei)	der Gott	*frz. dieu, span. dios*
☐ 275.	9	**sacer**/cra/crum	heilig	*Sakristei, Sakrament, sakral*
☐ 276.	(31)	→ **sacerdos**, -dotis m.	der Priester	
☐ 277.	15	**carmen**, carminis n.	das Lied	*Carmina Burana (Carl Orff)*
☐ 278.	15	**cánere** 3, cecini, -	singen, besingen	*franz. chanter, ital. cantare, span. cantar*
☐ 279.	24	**orare** 1, -avi, -atum	1) beten; 2) bitten	*Ora et labora. = „Bete und arbeite." (Leitspruch der Benediktiner)*
☐ 280.	27	**cultus**, cultus m.	die Verehrung	*Kult (= religiöse Verehrung); cultus deorum antiquorum = „die Verehrung der alten Götter"*
☐ 281.	27	**sanctus**/a/um	heilig	*Sankt Stefan (etc.); engl. + frz. saint*
☐ 282.	28	**divinus**/a/um	göttlich	*engl. divine; auxilium divinum = „die göttliche Hilfe"*
☐ 283.	28	**fortuna**, -ae f.	1) das Schicksal; 2) das Glück	*Fortuna (= Schicksalsgöttin); Marcum Aurelium fortuna destituit. = „Das Glück ließ M. A. im Stich."*
☐ 284.	29	**oraculum**, -i n.	1) das Orakel; 2) der Orakelspruch	*Athenienses oraculum petiverunt. = „Die Athener suchten das Orakel auf."*

Nr.	Lec.	9. Leben und Tod		
☐ 285.	4	**necare** 1, -avi, -atum	töten	*Gladiatores bestias necant. = „Die Gladiatoren töten die wilden Tiere."*
☐ 286.	4	**vita**, -ae f.	das Leben	*Vitamine, vital (= lebenskräftig, gesund)*
☐ 287.	10	**occídere** 3, -cídi, -cisum	töten	*ital. uccidere*
☐ 288.	12	**interfícere** M, -feci, -fectum	töten	*vgl. **297** interire (= sterben)*
☐ 289.	13	**casus**, casus m.	1) der Fall; 2) der Zufall; 3) der Unglücksfall	*vgl. **514** cádere (= fallen); engl. case; Daedalus casu nonnullas pennas invenit. = „D. findet zufällig einige Federn."*
☐ 290.	13	**mortuus**/a/um	tot, gestorben	*De mortuis nil nisi bene. = „Über Verstorbene (darf man) nur gut (reden)."*
☐ 291.	14	**mors**, mortis f.	der Tod	*franz. mort, ital. morte*
☐ 292.	(33)	→ **mori** M, mortuus sum (D) (PFA: moriturus/a/um)	sterben	*Ave, Caesar, morituri te salutant. = „Sei gegrüßt, Cäsar, die Todgeweihten grüßen dich."*
☐ 293.	16	**natus**/a/um	1) geboren; 2) abstammend	*engl. native speaker; nobili genere natus = „aus dem Adel abstammend"*
☐ 294.	19	**vívere** 3, vixi, (victurus)	leben	*engl. to survive (= überleben)*
☐ 295.	19	**caedes**, caedis f.	die Ermordung, der Mord	*engl. suicide (= Selbstmord); caedem committere = „einen Mord begehen"*
☐ 296.	22	**caédere** 3, cecídi, caesum	(fällen =) töten	*↔ **514** cádere 3, cécidi (= fallen)*
☐ 297.	24	**interire**, -ii, -itum	untergehen, sterben	*vgl. **522** ire (= gehen)*
☐ 298.	25	**exitus**, exitus m.	1) der Ausgang 2) das Ende, der Tod	*engl. exit*
☐ 299.	26	**exsístere** 3, -stiti, -	entstehen	*existieren; Romae incendium exstitit. = „In Rom brach ein Brand aus."*
☐ 300.	27	**salus**, salutis f.	1) die Rettung; 2) der Gruß	*tibi salutem dico = „ich grüße dich"*
☐ 301.	35	**oríri** 4, ortus sum (D)	aufgehen, entstehen	*Orient (= wo die Sonne aufgeht)*

Nr.	Lec.	10. Körper und Ernährung		
☐ 302.	2	**oculus**, -i m.	das Auge	*das Monokel, das Okular*
☐ 303.	8	**dormire** 4, -ivi, -itum	schlafen	*frz. dormir*
☐ 304.	11	**corpus**, córporis n.	der Körper	*Hoc est corpus. = „Das ist mein Leib."*
☐ 305.	11	**tángere** 3, tetigi, tactum	berühren	*Tangente; Noli me tangere! = „Berühr mich nicht!"*
☐ 306.	12	**caput**, cápitis **n.**	der Kopf, das Haupt	*Kapuze; Minotauro caput tauri est. = „M. hat den Kopf eines Stieres."*
☐ 307.	13	**manus**, manus f.	die Hand	*manuell; Manus manum lavat. = „Eine Hand wäscht die andere".*
☐ 308.	14	**sitis**, sitis f.	der Durst	*ital. sete*
☐ 309.	14	**fames**, famis f.	der Hunger	*Tantalus sitim famemque tolerare debet. = „T. muss Hunger und Durst ertragen."*
☐ 310.	14	**bibere** 3, bibi, -	trinken	*Cum Tantalus bibere in animo habet, aqua recedit. = „Wenn T. trinken möchte, weicht das Wasser zurück."*
☐ 311.	14	**vis**, vim (4.F.), vi (6.F.)	1) die Kraft; 2) die Gewalt	*↔ **3** vir (= Mann); summa vi = „mit höchster Kraft"*
☐ 312.	14	**vires**, virium f. (Pl.)	die Kräfte	*viribus unitis = „mit vereinten Kräften"*
☐ 313.	25	**frons**, frontis f.	die Stirn	*Front (= Stirnseite), frontal*
☐ 314.	28	**fessus/a/um**	erschöpft	*milites proelio fessi = „die von der Schlacht erschöpften Soldaten"*
☐ 315.	30	**nudus/a/um**	nackt	*Nudist (= Anhänger der Freikörperkultur)*
☐ 316.	30	**sanus/a/um**	1) gesund; 2) vernünftig	*Sanitäter; Mens sana in corpore sano. = „Ein gesunder Geist (steckt) in einem gesunden Körper."*
☐ 317.	30	**tégere** 3, texi, tectum	bedecken	*toga (= Körperbedeckung)*
☐ 318.	30	**vestis**, vestis f.	das Gewand	*Weste, Transvestit*
☐ 319.	32	**vultus**, vultus m.	das Gesicht, die Miene	*Socrates vultum non mutavit. = „S. verzog die Miene nicht."*
☐ 320.	34	**cibus**, -i m.	die Speise, die Nahrung	*Romani iam cibo carebant. = „Die R. hatten keine Nahrung mehr."*

Nr.	Lec.	11. Natur und Tierwelt		
☐ 321.	4	**terra**, -ae f.	das Land, die Erde	*Terrarium, Par-terre (= Erdgeschoss)*
☐ 322.	5	**aqua**, -ae f.	das Wasser	*Aquarium, der Aquädukt (= Wasserleitung)*
☐ 323.	9	**flumen**, fluminis n.	der Fluss	*ital. fiume*
☐ 324.	9	**canis**, canis **m.**	der Hund	*Cave canem! = „Hüte dich vor dem Hund!"*
☐ 325.	10	**mare**, maris **n.**	das Meer	*die Marine*
☐ 326.	11	**insula**, -ae f.	die Insel	*engl. island; engl. pen-insula = „Halbinsel"*
☐ 327.	11	**litus**, lítoris n.	die Küste	*ital. lido; in litore ambulare = „an der Küste spazierengehen"*
☐ 328.	11	**mons**, montis **m.**	der Berg	*engl. mount; montan (= bergig)*
☐ 329.	11	**taurus**, -i m.	der Stier	*der Torero; taurus summae pulchritudinis = „ein außergewöhnlich schöner Stier"*
☐ 330.	13	**caelum**, -i n.	der Himmel	*Sol iam medio in caelo erat. = „Die Sonne stand schon mitten am Himmel."*
☐ 331.	13	**sol**, solis **m.**	die Sonne	*Solarium; ital. sole*
☐ 332.	14	**arbor**, árboris **f.**	der Baum	*(Bäume galten als weibliche Wesen!)*
☐ 333.	14	**genus**, generis n.	1) das Geschlecht; 2) die Art	*engl. gender; alia facinora huius generis = „andere Untaten dieser Art"*
☐ 334.	14	**natura**, -ae f.	die Natur	*vgl.* **293** *natus (= geboren)*
☐ 335.	14	**saxum**, -i n.	der Felsen	*Sisyphus saxum in montem volvere debet. = „S. muss einen Felsen auf den Berg rollen."*
☐ 336.	15	**ager**, agri m.	1) das Feld; 2) Pl.: Gebiet(e)	*Agrikultur (= Landwirtschaft)*
☐ 337.	15	**animal**, animalis **n.**	1) das Tier; 2) das Lebewesen	*engl. animal*
☐ 338.	15	**lux**, lucis f.	das Licht	*Plus lucis! = „Mehr Licht!"*
☐ 339.	18	**frumentum**, -i n.	das Getreide	*Galli frumento iam carebant. = „Die Gallier hatten kein Getreide mehr."*
☐ 340.	20	**finis**, finis **m.**	1) die Grenze; 2) das Ende	*Finale (= Endspiel)*
☐ 341.	20	**fines**, finium **m.** (Pl.)	Gebiet(e)	*Antonius Cleopatrae fines latos donavit. = „A. schenkte Kleopatra weite Gebiete"*
☐ 342.	22	**aurum**, -i n.	das Gold	*chem. Zeichen für Gold = Au*
☐ 343.	22	**equus**, -i m.	das Pferd	*equus Troianus = „das trojanische Pferd"*
☐ 344.	27	**mundus**, -i m.	die Welt	*Minimundus; frz. monde, ital. mondo*
☐ 345.	28	**campus**, -i m.	das Feld	*frz. champ; Camping, der Uni-Campus*

Nr.	Lec.	12. Sprechen und Kommunizieren		
☐ 346.	1	**respondére** 2, -spondi, -sponsum	antworten	*kor-respondieren*
☐ 347.	1	**interrogare** 1, -avi, -atum	fragen	*Interrogativpronomen*
☐ 348.	(28)	→ **rogare** 1, -avi, -atum	1) bitten; 2) fragen	
☐ 349.	1	**laudare** 1, -avi, -atum	loben	*die Laudatio (= Lobrede)*
☐ 350.	1	**clamare** 1, -avi, -atum	rufen	*Re-klame*
☐ 351.	(9)	→ **clamor**, clamóris m.	das Geschrei	*Romani clamorem anserum audiunt. = „Die Römer hören das Geschnatter der Gänse."*
☐ 352.	2	**salve! / salvete!**	sei(d) gegrüßt!	*ital. salve*
☐ 353.	2	**lingua**, -ae f.	1) die Sprache; 2) die Zunge	*engl. language*
☐ 354.	2	**verbum**, -i n.	das Wort	*nonverbal (= nicht mit Worten)*

☐ 355.	2	**monére** 2, -ui, -itum	ermahnen	*Magister discipulos monet. = „Der Lehrer ermahnt die Schüler."*
☐ 356.	4	**narrare** 1, -avi, -atum	erzählen	*engl. narrator (= Erzähler)*
☐ 357.	5	**inquit**	er/sie sagt(e)	*(in die direkte Rede eingeschoben) „Ita est", Lydia inquit, „et tu, Gai?" = „Ja", sagte Lydia, „und du, Gaius?"*
☐ 358.	7	**dícere** 3, dixi, dictum	sagen	*das Diktat*
☐ 359.	9	**nomen**, nominis n.	der Name	*Nomen est omen = „Der Name ist ein Vorzeichen."*
☐ 360.	9	**vox**, vocis f.	die Stimme	*Vokal (= Selbstlaut)*
☐ 361.	(11)	→ **vocare** 1, -avi, -atum	rufen, nennen	*Vokativ (= 5. Fall)*
☐ 362.	(17)	→ **convocare** 1, -avi, -atum	zusammenrufen	*con- (= zusammen)*
☐ 363.	11	**iussum**, -i n.	der Befehl	
☐ 364.	(17)	→ **iubére** 2, iussi, iussum (+ Akk.)	1) befehlen; 2) lassen (+ Inf.)	*iubeo te (Akk.) = „Ich befehle dir" (Dat.!)*
☐ 365.	(26)	→ **iussu**	auf Befehl	*iussu principis = „auf Befehl des Kaisers"*
☐ 366.	12	**quaérere** 3, quaesivi, quaesitum (ab/ex + Abl.)	fragen	*engl. question; Quaero ab/ex amica. = „Ich frage die Freundin." vgl.* **512** *Quaero amicam = „Ich suche die Freundin."*
☐ 367.	13	**pétere** 3, petivi, petitum (ab + Abl.)	bitten	*Daedalus a Minoe rege libertatem petivit. = „D. bat König M. um die Freiheit."; vgl.* **515** *Peto patriam. = „Ich reise nach Hause."*
☐ 368.	19	**persuadére** 2, persuasi, persuasum (+ Dat.)	1) überreden; 2) überzeugen	*engl. to persuade; Persuadeo tibi. = „Ich überrede dich."*
☐ 369.	22	**preces**, precum f. (Pl.)	die Bitten	*prekär (wörtl. „auf Bitten gewährt" = schwierig, heikel)*
☐ 370.	24	**promíttere** 3, -misi, -missum	versprechen	*engl. to promise*
☐ 371.	24	**tacére** 2, -ui, (taciturus)	schweigen	*Si tacuisses, philosophus mansisses. = „Hättest du geschwiegen, wärest du ein Philosoph geblieben."*
☐ 372.	25	**postulare** 1, -avi, -atum	fordern	*das Postulat (= Forderung)*
☐ 373.	26	**appellare** 1, -avi, -atum	1) nennen; 2) rufen	*der Appell (= Aufruf)*
☐ 374.	26	**fama**, -ae f.	1) das Gerücht; 2) der Ruf	*famos (= fabelhaft)*
☐ 375.	27	**referre**, réttuli, relatum	berichten	*wörtl. „zurückbringen", vgl.* **529** *ferre; referieren*
☐ 376.	29	**consúlere** 3, -sului, -sultum	befragen	*jemanden konsultieren*
☐ 377.	30	**queri** 3, questus sum (D)	klagen	*↔* **366** *quaérere ab/ex + Abl. (= fragen); Querulant (= Nörgler)*
☐ 378.	30	**hortari** 1, hortatus sum (D)	auffordern, ermuntern	*Martinus tribuno hortante duos annos militabat. = „Weil der Tribun (ihn) dazu aufforderte, diente M. noch zwei Jahre als Soldat."*
☐ 379.	30	**loqui** 3, locutus sum (D)	sprechen	*e-loquent (= redegewandt); Christus locutus est. = „Christus sprach."*
☐ 380.	32	**sermo**, sermonis **m.**	das Gespräch, die Rede	*Socrates sapientiam hominum sermone exploravit. = „S. erforschte die Weisheit der Menschen im Gespräch."*
☐ 381.	32	**disputare** 1, -avi, -atum	erörtern, diskutieren	*De gustibus non est disputandum. = „Über Geschmack lässt sich nicht streiten."*
☐ 382.	34	**póscere** 3, poposci, -	fordern	*vgl.* **372** *postulare (= fordern)*

Nr.	Lec.	13. Wahrnehmen und Denken		
☐ 383.	2	**cogitare** 1, -avi, -atum	denken	*Cogito, ergo sum. = „Ich denke, daher bin ich."*
☐ 384.	2	**spectare** 1, -avi, -atum	anschauen, betrachten	*engl. spectator (= Zuschauer)*
☐ 385.	2	**exspectare** 1, -avi, -atum	erwarten	*engl. to exspect*
☐ 386.	3	**vidére** 2, vidi, visum	sehen	*das Video*
☐ 387.	5	**animus**, -i m.	1) der Sinn, der Geist; 2) der Mut	*animieren (= anregen)*
☐ 388.	7	**audire** 4, -ivi, -itum	hören	*die Audio-Datei, das Auditorium (= der Hörsaal)*
☐ 389.	11	**conspícere** M, -spexi, -spectum	erblicken	*vgl.* **384** *spectare (= anschauen); in-spizieren (= genau untersuchen)*
☐ 390.	(34)	→ **adspícere** M, -spexi, -spectum	betrachten, anschauen	*Aspekt (= Betrachtungsweise); Damon opes non adspiciebat. = „D. betrachtete die Reichtümer nicht."*
☐ 391.	11	**scire** 4, scivi, scitum	wissen	*Scio me nihil scire. = „Ich weiß, dass ich nichts weiß." (Sokrates)*
☐ 392.	(24)	→ **scientia**, -ae f.	das Wissen, die Kenntnis	*scientia rerum futurarum = „die Kenntnis der Zukunft"*
☐ 393.	(32)	→ **nescire** 4, nescivi	nicht wissen	*ne- (Verneinung) + scire (= wissen)*
☐ 394.	14	**intellégere** 3, intellexi, intellectum	erkennen, einsehen	*intelligent; Di facinus intellexerunt. = „Die Götter erkannten die Untat."*
☐ 395.	15	**ignotus**/a/um	unbekannt	*ig-/in- (= un-) + notus (= bekannt)*
☐ 396.	(29)	→ **notus**/a/um	bekannt	*Neque his neque illis fuga nota erat. = „Weder diesen noch jenen war die Flucht bekannt." (= Keiner dachte an Flucht)*
☐ 397.	(16)	→ **cognóscere** 3, cognovi, cognitum	1) erfahren, erkennen; 2) kennenlernen	*in-kognito (= unerkannt) unterwegs sein; Senatus periculum cognoverat. = „Der Senat hatte die Gefahr erkannt."*
☐ 398.	(32)	→ **nóscere** 3, novi, notum	1) erfahren, erkennen; 2) Perf.: kennen, wissen	*novi (Perfekt) = „ich kenne", „ich weiß"*
☐ 399.	20	**animadvértere** 3, animadverti, animadversum	bemerken, wahrnehmen	*aus: animum vertere ad (wörtl. „den Geist hinwenden zu…")*
☐ 400.	30	**mens**, mentis f.	der Geist, der Verstand	*mental, Mentalität (= Geisteshaltung)*
☐ 401.	32	**ratio**, rationis f.	1) die Vernunft; 2) die Art und Weise	*rational (= von der Vernunft geleitet); ea ratione = „auf diese Weise"*
☐ 402.	33	**ignorare** 1, -avi, -atum	nicht wissen, nicht kennen	
☐ 403.	33	**meminisse**, memini (+ Gen.)	sich erinnern (an)	*Croesus verborum oraculi meminerat. = „C. erinnerte sich an die Worte des Orakels."*

Nr.	Lec.	14. Bewerten und Einschätzen		
☐ 404.	1	**bonus**/a/um	gut	*der Bonus (= der Vorteil); Iulia discipula bona est. = „Julia ist eine gute Schülerin."*
☐ 405.	(4)	→ **bene** (Adv.)	gut	*Gladiatores bene pugnant. = „Die Gladiatoren kämpfen gut."*
☐ 406.	(19)	→ **melior** (m./f.), melius (n.)	der bessere	*melius est = „es ist besser"*
☐ 407.	(19)	→ **optimus**/a/um	der beste	*Optimist*

☐ 408.	1	**malus**/a/um	schlecht	*der Malus (= Nachteil)*
☐ 409.	(19)	→ **peior** (m./f.), peius (n.)	der schlechtere	*pejorativ (= abwertend)*
☐ 410.	(19)	→ **pessimus**/a/um	der schlechteste	*Pessimist*
☐ 411.	2	**pulcher**/pulchra/ pulchrum	schön	*Quam pulchra est lingua Latina! = „Wie schön ist die lateinische Sprache!"*
☐ 412.	(11)	→ **pulchritudo**, pulchritudinis f.	die Schönheit	*-tudo (Eigenschaft)*
☐ 413.	3	**clarus**/a/um	1) berühmt; 2) hell	*Clara (Vorname); aedificia clara = „berühmte Gebäude"*
☐ 414.	6	**magnificus**/a/um	großartig	*Quam magnificum oppidum tuum est! = „Wie großartig ist deine Stadt!"*
☐ 415.	8	**culpa**, -ae f.	die Schuld	*mea culpa = „meine Schuld"*
☐ 416.	12	**modus**, -i m.	die Art, die Weise	*modus vivendi = „Art des Lebens"; vgl. 819 quomodo? (= wie?); vgl. 835 eiúsmodi (= derartig)*
☐ 417.	14	**improbus**/a/um	schlecht, böse	*in-/im- (= nicht, un-); Tantalus homo improbus fuit. = „T. war ein böser Mensch."*
☐ 418.	16	**varius**/a/um	verschieden	*Variante, Variation; variis armis pugnare = „mit verschiedenen Waffen kämpfen"*
☐ 419.	16	**difficilis**/e	schwierig	*dis- (= nicht) + facilis (= leicht); engl. difficult; difficile est = „es ist schwierig"*
☐ 420.	(19)	→ **facilis**/e	leicht	*-ilis (Fähigkeit); facillimum erit = „es wird sehr leicht sein"*
☐ 421.	21	**delígere** 3, -legi, -lectum	auswählen	*engl. election (= Wahl)*
☐ 422.	21	**putare** 1, -avi, -atum	1) glauben; 2) (+ doppelter Akk.:) halten … für	*Te amicum bonum puto. = „Ich halte dich für einen guten Freund."*
☐ 423.	23	**firmus**/a/um	stark	*Firmung (= Bestätigung der Taufe)*
☐ 424.	24	**crédere** 3, credidi, creditum	glauben	*das Credo (= Glaubensbekenntnis), der Kredit*
☐ 425.	24	**veritas**, veritatis f.	die Wahrheit	*In vino veritas. = „Im Wein (liegt) Wahrheit."*
☐ 426.	24	**verus**/a/um	wahr; echt	*Vera (Vorname); Cassandra amorem verum simulavit. = „K. täuschte echte Liebe vor."*
☐ 427.	25	**dulcis**/e	süß	*ital. dolce (= Nachspeise)*
☐ 428.	26	**gravis**/e	1) schwer; 2) schwerwiegend	*gravierend*
☐ 429.	27	**dicitur / dicuntur** (+ NCI)	er/sie/es soll (angeblich)/ sie sollen (angeblich) …	*Christus respondisse dicitur. = „Christus soll geantwortet haben."*
☐ 430.	27	**dignus**/a/um (+ Abl.)	wert, würdig (+ Gen.)	*engl. dignity (= Würde); Petrus dixit: Hoc mortis genere dignus non sum. = „P. sagte: Dieser Todesart bin ich nicht würdig."*
☐ 431.	27	**vidétur / videntur** 2 (+ NCI)	er/sie es scheint (zu) / sie scheinen (zu)	*Christus ei obviam venire videbatur. = „Christus schien ihm entgegenzukommen."*
☐ 432.	27	**dubitare** 1, -avi, -atum	1) zweifeln; 2) zögern	*engl. to doubt*
☐ 433.	(33)	→ **dubium**, -i n.	der Zweifel	*in dubio pro reo = „im Zweifel für den Angeklagten"*
☐ 434.	28	**miraculum**, -i n.	das Wunder	*Ecce, miraculum accidit! = „Siehe, ein Wunder geschah!"*
☐ 435.	(34)	→ **admirari** 1, admiratus sum (D)	1) bewundern; 2) sich wundern	*Plurimi homines Dionysium ob divitias admirabantur. = „Sehr viele Menschen bewunderten D. wegen seines Reichtums."*

□ 436.	30	**similis**/e	ähnlich	*engl. similar; As-similation (= Anpassung)*
□ 437.	31	**censére** 2, censui, censum	1) meinen, glauben; 2) schätzen	*Ceterum censeo Carthaginem esse delendam. = „Im Übrigen meine ich, dass Karthago zerstört werden muss."*
□ 438.	31	**confídere** 3, confisus sum (Semideponens)	vertrauen	*con- (= völlig); vgl.* **183** *fides (= Treue)*
□ 439.	31	**sententia**, -ae f.	1) die Meinung; 2) der Satz	*Quot homines, tot sententiae = „Wie viele Menschen, so viele Meinungen"*
□ 440.	32	**habére** 2, -ui (+ doppelter Akkusativ)	halten … für	*Te bonum amicum habeo. = „Ich halte dich für einen guten Freund."; vgl.* **422** *putare (= halten für)*
□ 441.	33	**certus**/a/um	1) bestimmt; 2) sicher	*vgl.* **826** *certe (= sicherlich)*
□ 442.	34	**arbitrari** 1, arbitratus sum (D)	glauben	*frz. arbitre (= Schiedsrichter); arbiter elegantiae (= Schiedsrichter des feinen Geschmacks)*
□ 443.	35	**turpis**/e	1) schändlich; 2) hässlich	*nefas turpissimum = „ein sehr schändliches Verbrechen"*

Nr.	Lec.	**15. Planen, Beschließen, Handeln**		
□ 444.	1	**laborare** 1, -avi, -atum	arbeiten	*Labor*
□ 445.	5	**in animo habére**	vorhaben	*wörtl.: „im Sinn haben"*
□ 446.	5	**licet** 2, -uit	1) es ist möglich; 2) es ist erlaubt	*Lizenz (= Berechtigung); Licetne mihi ad te venire? = „Darf ich zu dir kommen?"*
□ 447.	7	**consilium**, -i n.	1) der Plan, der Beschluss; 2) der Rat	*Romulus consilium cepit. = „Romulus fasste einen Plan/Beschluss."*
□ 448.	7	**necesse est**	es ist nötig	*engl. necessary*
□ 449.	7	**gérere** 3, gessi, gestum	(aus)führen	*vgl.* **217** *bellum gérere = „Krieg führen"*
□ 450.	7	**adiuvare** 1, -iuvi, -iutum (+ Akk.)	unterstützen, helfen	*Adjutant (= Hilfsoffizier)*
□ 451.	(12)	→ **iuvare** 1, iuvi, iutum (+ Akk.)	unterstützen, helfen	*Te (ad)iuvo. = „Ich unterstütze dich/ich helfe dir."*
□ 452.	7	**parare** 1, -avi, -atum	1) (vor-)bereiten; 2) erwerben	*Romani Sabinis spectacula pulchra parant. = „Die R. bereiten für die Sabiner schöne Spiele (vor)."*
□ 453.	(12)	→ **paratus**/a/um	bereit	*etwas parat (= vorbereitet) haben*
□ 454.	8; 10	**fácere** M, feci, factum	1) tun, machen; 2) zu etwas machen	*Romani Scipionem imperatorem faciunt. = „Die R. machen Scipio zum Feldherrn."*
□ 455.	(11)	→ **confícere** M, -feci, -fectum	ausführen, beenden	*con- (= völlig)*
□ 456.	(14)	→ **facinus**, -oris n.	1) die Tat; 2) die Untat	*Tantalus facinus crudele commisit. = „T. beging eine grausame Untat."*
□ 457.	(17)	→ **affícere** M, -feci, -fectum	versehen (mit), erfüllen (mit)	*ad-/af- (= hinzu); Vulneribus affectus Caesar Brutum conspexit. = „Der verwundete Cäsar erblickte Brutus."*
□ 458.	(32)	→ **factum**, -i n.	die Tat	*Fakten (= Tatsachen)*
□ 459.	(34)	→ **fíeri**, factus sum	1) (gemacht) werden; 2) geschehen	*(dient als Passiv zu facere!); Fiat lux! = „Es werde Licht!"*
□ 460.	9	**constitúere** 3, -ui, constitutum	beschließen, festsetzen	*Galli Capitolium expugnare constituerunt. = „Die G. beschlossen, das K. zu erobern."*
□ 461.	(19)	→ **statuere** 3, statui, statutum	beschließen	*Senatores dictatorem occidere statuerunt. = „Die Senatoren beschlossen, den Diktator zu töten."*

□ 462.	10	**audére** 2, ausus sum (Semideponens)	wagen	*Hannibal elephantos per Alpes ducere audebat. = „H. wagte es, die Elefanten über die Alpen zu führen."*
□ 463.	11	**solére** 2, solitus sum (Semideponens)	gewohnt sein, pflegen	*Europa cum virginibus in litore ludere solebat. = „E. pflegte mit den Mädchen an der Küste zu spielen."*
□ 464.	12	**debére** 2, debui, debitum	müssen	*frz. devoir; Parentes liberos in Cretam mittere debent. = „Die Eltern müssen ihre Kinder nach Kreta schicken."*
□ 465.	12	**cura**, -ae f.	die Sorge	*cura rei publicae = „die Sorge um den Staat"*
□ 466.	(31)	→ **curare** 1, -avi, -atum	1) sorgen für; 2) sich kümmern um	*Sacerdotes templa curabant. = „ Die Priester kümmerten sich um die Tempel."*
□ 467.	13	**opus**, operis n.	das Werk	*das Opus (= Musikwerk)*
□ 468.	13	**sólvere** 3, solvi, solutum	auflösen	*engl. to solve (a problem); Sol alas Icari solvit. = „Die Sonne löste die Flügel des I. auf."*
□ 469.	13	**coniúngere** 3, -iunxi, -iunctum	verbinden	*con- (= zusammen); Konjunktion (= Bindewort)*
□ 470.	(21)	→ **iúngere** 3, iunxi, iunctum	verbinden	*Nonne amor nos iungit? = „Verbindet uns nicht die Liebe?"*
□ 471.	15	**desínere** 3, desii, desitum	aufhören, ablassen	*Tantalus aquam frustra haurire desiit. = „T. hörte auf, vergeblich Wasser zu schöpfen."*
□ 472.	16	**ágere** 3, egi, actum	1) tun; 2) verbringen	*agieren, re-agieren*
□ 473.	16	→ **vitam agere**	das Leben verbringen	*Servi vitam asperam agebant. = „Die Sklaven führten ein hartes Leben."*
□ 474.	17	**comprehéndere** 3, -endi, -ensum	1) ergreifen; 2) (geistig) erfassen	*engl. listening comprehension*
□ 475.	18	**incípere** M, coepi, coeptum	anfangen	*Proelium coepit. = „Die Schlacht begann."*
□ 476.	20	**augére** 2, auxi, auctum	vergrößern, steigern, vermehren	*Auktion (= Versteigerung); vgl.* 133 *auctoritas (= Ansehen); vgl.* 134 *auctor (= Urheber)*
□ 477.	21	**decérnere** 3, decrevi, decretum	beschließen	*Paris Graeciam petere decrevit. = „Paris beschloss, nach Griechenland zu reisen."*
□ 478.	24	**velle**, volui, -	wollen	*nolens volens = „Ob man will oder nicht." (wörtl.: „nicht wollend wollend")*
□ 479.	24	**nolle**, nolui, -	nicht wollen	*Noli me tangere! = „Berühr mich nicht!"*
□ 480.	24	**usus**, usus m.	1) der Nutzen; 2) der Gebrauch	*„Das ist hier so Usus." (= üblich)*
□ 481.	24	→ **usui esse**	nützlich sein	*wörtl. = „zum Nutzen sein"*
□ 482.	(32)	→ **utilis/e**	nützlich	*Utensilien (= Gebrauchsgegenstände)*
□ 483.	(33)	→ **uti** 3, usus sum (D) (+ Abl.)	gebrauchen, benützen	*engl. to use*
□ 484.	28	**divídere** 3, divisi, divisum	trennen, teilen	*dividieren, Division*
□ 485.	32	**mutare** 1, -avi, -atum	1) verändern; 2) verwandeln	*Mutation (= Veränderung des Erbgutes); Socrates vultum non mutavit. = „S. verzog keine Miene."*
□ 486.	33	**osténdere** 3, ostendi, ostentum	zeigen	*ostentativ (= zur Schau stellend); Croesus divitias suas ostendit. = „Krösus zeigte seine Schätze."*
□ 487.	34	**experiri** 4, expertus sum (D)	erproben, versuchen	*der Experte; Fortunam meam experiaris! = „Erprobe mein Schicksal!"*

Nr.	Lec.	16. Bewegung und Nicht-Bewegung		
☐ 488.	1	**sedére** 2, sedi, sessum	sitzen	*Residenz (= Wohnsitz)*
☐ 489.	(15)	→ **consídere** 3, -sedi, -sessum	sich niedersetzen	*Sisyphus in suo saxo consedit. = „S. setzte sich auf seinen Stein."*
☐ 490.	2	**intrare** 1, -avi, -atum	eintreten, betreten	*engl. to enter, entrance*
☐ 491.	3	**ambulare** 1, -avi, -atum	gehen, spazieren	*Ambulanz, Ambulatorium*
☐ 492.	5	**manére** 2, mansi, mansum	bleiben	*permanent (= dauerhaft)*
☐ 493.	5	**properare** 1, -avi, -atum	eilen	*vgl.* **496** *contendere (= eilen)*
☐ 494.	6	**appropinquare** 1, -avi, -atum	sich nähern	*engl. to approach*
☐ 495.	6	**portare** 1, -avi, -atum	tragen, bringen	*apportieren*
☐ 496.	7	**conténdere** 3, -tendi, -tentum	1) eilen; 2) kämpfen	*eigentl.: „die Kräfte anspannen"; vgl.* **493** *properare (= eilen)*
☐ 497.	7	**relínquere** 3, -liqui, -lictum	1) verlassen; 2) zurücklassen	*Relikt (= Überbleibsel), Reliquie (= Überrest eines Heiligen)*
☐ 498.	7	**míttere** 3, misi, missum	schicken	*Mission*
☐ 499.	(8)	→ **commíttere** 3, -misi, -missum	begehen, beginnen	*to commit (a crime); iniuriam/scelus committere = „ein Unrecht/Verbrechen begehen."*
☐ 500.	(10)	→ **amíttere** 3, -misi, -missum	verlieren	*a- (= weg); Hannibal multos elephantos amisit. = „H. verlor viele Elefanten."*
☐ 501.	7	**venire** 4, veni, ventum	kommen	*Veni, vidi, vici. = „Ich kam, sah und siegte."*
☐ 502.	(12)	→ **invenire** 4, -veni, -ventum	1) finden; 2) erfinden	*wörtl. „darauf-kommen"; engl. to invent*
☐ 503.	(18)	→ **advenire** 4, -veni, -ventum	ankommen	*Advent*
☐ 504.	(18)	→ **circumvenire** 4, -veni, -ventum	umzingeln	*circum- (= herum)*
☐ 505.	(20)	→ **convenire** 4, -veni, -ventum	zusammenkommen	*con- (= zusammen)*
☐ 506.	(25)	→ **pervenire** 4, -veni, -ventum	kommen, gelangen	*per- (= durch); Caesar in fines hostium pervenit. = „C. gelangte ins Gebiet der Feinde."*
☐ 507.	9	**ascéndere** 3, ascendi, ascensum	hinaufsteigen, besteigen	*Galli clam ad Capitolium ascenderunt. = „Die Gallier stiegen heimlich zum Kapitol hinauf."*
☐ 508.	10	**dúcere** 3, duxi, ductum	führen	*re-duzieren („zurückführen" = verringern)*
☐ 509.	(16)	→ **adductus**/a/um	veranlasst	*cupiditate praedae adductus = „durch Gier nach Beute veranlasst " (= aus Beutegier)*
☐ 510.	(28)	→ **tradúcere** 3, -duxi, -ductum	hinüberführen	*tra(ns)- (= hinüber); Marcus Aurelius exercitum trans Danuvium traduxit. = „M. A. führte sein Heer über die Donau."*
☐ 511.	(29)	→ **addúcere** 3, -duxi, -ductum	1) hinführen; 2) veranlassen	*ad- (= hinzu)*
☐ 512.	12	**quaérere** 3, quaesivi, quaesitum (+ Akk.)	suchen	*Quaero te. = „Ich suche dich." vgl.* **366** *quaérere ab/ex + Abl. (= fragen)*
☐ 513.	12	**navigare** 1, -avi, -atum	segeln, mit dem Schiff fahren	*vgl.* **71** *navis (= Schiff)*
☐ 514.	13	**cádere** 3, cécidi, (casurus)	fallen	*de-kadent (= verfallen, verkommen); vgl.* **296** *caedere 3 (= fällen, töten)*
☐ 515.	13	**pétere** 3, petivi, petitum (+ Akk.)	aufsuchen, anstreben	*Icarus solem petit. = „I. fliegt Richtung Sonne."; vgl.* **367** *pétere a + Abl. (= bitten)*

☐ 516.	14	**stare** 1, steti, statum	stehen	*statisch (= stillstehend, unbeweglich)*
☐ 517.	(25)	→ **constat**, constitit (+ ACI)	es steht fest (dass)	*con- (= völlig); Polyphemum insanum esse constat. = „Es steht fest, dass P. verrückt ist."*
☐ 518.	15	**iter fácere**	reisen, marschieren	*vgl. 80 iter (= Reise) + 454 fácere (= machen)*
☐ 519.	15	**vértere** 3, verti, versum	wenden	*kon-vertieren (= die Religion wechseln)*
☐ 520.	15	**movére** 2, movi, motum	bewegen; beeindrucken	*Motor; engl. to move, movie*
☐ 521.	(27)	→ **commovére** 2, -movi, -motum	1) bewegen; 2) veranlassen	*con-/com- (= Verstärkung); precibus commotus = „durch Bitten veranlasst"*
☐ 522.	17	**ire**, ii, itum	gehen	*Semperit = „Er (= der Reifen) geht immer."*
☐ 523.	17	→ **adire**, -ii, -itum	1) hingehen, sich wenden an; 2) angreifen	*ad- (= hinzu); Catilina cum militibus Romam adiit. = „C. griff mit seinen Soldaten Rom an."*
☐ 524.	17	→ **exire**, -ii, -itum	hinausgehen	*ex- (= hinaus); Exi Roma! = „Verlasse Rom!"*
☐ 525.	(23)	→ **redire**, -ii, -itum	zurückkehren	*re(d)- (= zurück)*
☐ 526.	(25)	→ **inire**, -ii, -itum	hineingehen, betreten	*in- (= hinein); Graeci speluncam inierunt. = „Die Griechen gingen in die Höhle hinein."*
☐ 527.	(28)	→ **transire**, -ii, -itum	hinübergehen, überqueren	*trans- (= hinüber); Marcomanni Danuvium transibant. = „Die M. überquerten die Donau."*
☐ 528.	(34)	→ **abire**, -ii, -itum	weggehen	*ab- (= weg); Mihi liceat abire. = „Mir möge es erlaubt sein wegzugehen."*
☐ 529.	17	**ferre**, tuli, latum	1) tragen, bringen; 2) ertragen	*vgl. 375 referre (= berichten, wörtl. „zurücktragen")*
☐ 530.	(20)	→ **auferre**, abstuli, ablatum	wegtragen, wegnehmen	*au-/a- (= weg); Ablativ (drückt ursprünglich eine Trennung aus); Arma ablata sunt. = „Die Waffen wurden weggetragen."*
☐ 531.	(31)	→ **transferre**, transtuli, -latum	hinüberbringen	*Transfer*
☐ 532.	(34)	→ **afferre**, attuli, allatum	heranbringen	*ad-/af- (= herbei); Cena magnifica afferatur! = „Eine prächtige Mahlzeit möge hergebracht werden!"*
☐ 533.	20	**pónere** 3, posui, positum	stellen, legen	*Position (= Lage); engl. to put*
☐ 534.	(22)	→ **depónere** 3, -posui, -positum	ablegen	*deponieren, Deponie; Achilles iram non deposuit. = „A. legte seinen Zorn nicht ab."*
☐ 535.	20	**cédere** 3, cessi, cessum	weggehen, weichen	*Rezession (= Rückgang der Wirtschaft)*
☐ 536.	(31)	→ **accédere** 3, accessi, accessum	herankommen	*engl. access (= Zugang, Zutritt); Xerxes Athenis accessit. = „X. rückte an Athen heran."*
☐ 537.	(31)	→ **procédere** 3, processi, processum	vorrücken	*Prozession, Prozess (= Vorgang)*
☐ 538.	22	**tráhere** 3, traxi, tractum	ziehen	*Traktor*
☐ 539.	23	**aperire** 4, aperui, apertum	öffnen	*frz. ouvrir, ital. aperto (= offen); Aperitif (eröffnet ein Mahl)*
☐ 540.	23	**apparére** 2, apparui, -	erscheinen	*engl. to appear*
☐ 541.	24	**tóllere** 3, sustuli, sublatum	aufheben, (er)heben	*Cassandra manibus sublatis orabat. = „K. betete mit erhobenen Händen."*
☐ 542.	27	**vádere** 3, -	gehen	*Quo vadis? = „Wohin gehst du?"*
☐ 543.	28	**accídere** 3, accidi, -	geschehen	*engl. accident (= Unfall)*

☐ 544.	29	**péllere** 3, pepuli, pulsum	schlagen, stoßen	*Puls; Maxentius e ponte in flumen pulsus est. = „M. wurde von der Brücke in den Fluss gestoßen."*
☐ 545.	29	**prémere** 3, pressi, pressum	drücken, bedrängen	*pressen; Multitudine fugientium pressus est. = „Er wurde von der Menge der Fliehenden bedrängt."*
☐ 546.	30	**sequi** 3, secutus sum (+ Akk.) (D)	folgen (jemandem)	*Sequenz (= Abfolge), Consecutio temporum (= Zeitenfolge); sequor te = „ich folge dir"*
☐ 547.	31	**proficisci** 3, profectus sum (D)	aufbrechen	*Milites celeriter profecti sunt. = „Die Soldaten brachen schnell auf."*
☐ 548.	31	**reverti** 3, reverti, reversum (Semideponens)	zurückkehren	*re- (= zurück) + **519** vértere (= wenden); Nemo domum revertit. = „Keiner kehrte nach Hause zurück."*
☐ 549.	34	**íngredi** M, ingressus sum (D)	betreten, eintreten	*↔ **268** aggredi (= angreifen)*
☐ 550.	35	**cúrrere** 3, cucurri, cursum	laufen	*Kurs, Cursor; Damon celerrime domum cucurrit. = „D. lief sehr schnell nach Hause."*

Nr.	Lec.	**17. Haben und Sein, Geben und Nehmen**		
☐ 551.	2	**habére** 2, habui, habitum	haben	*Habemus papam. = „Wir haben einen Papst."*
☐ 552.	4	**donare** 1, -avi, atum	schenken	*engl. to donate*
☐ 553.	(20)	→ **donum**, -i n.	das Geschenk	*Equus donum Minervae est. = „Das Pferd ist ein Geschenk für Minerva."*
☐ 554.	6	**posse**, potui	können	*vgl. **142** potestas (= Macht), vgl. **143** potens (= mächtig)*
☐ 555.	6	**esse**, fui, (futurus)	sein	*ital. essere, frz. être*
☐ 556.	(19)	→ **adesse**, adfui, (adfuturus)	da sein, anwesend sein	*ad- (= dabei)*
☐ 557.	(22)	→ **interesse**, -fui (+ Dat.)	beiwohnen, teilnehmen (an)	*inter- (= dazwischen)*
☐ 558.	(25)	→ **prodesse**, profui, (-futurus)	nützen	*pro(d)- (= dafür); Ulixis prudentia Graecis profuit = „Odysseus' Klugheit nützte den Griechen."*
☐ 559.	(28)	→ **deesse**, -fui, (-futurus)	fehlen	*de- (= weg); Iam diu aqua deerat. = „Schon lange fehlte Wasser."*
☐ 560.	(35)	→ **abesse**, afui	abwesend sein	*ab- (= weg); domo abesse = „nicht daheim sein"*
☐ 561.	(35)	→ **absens**, absentis (2.F.)	abwesend	*engl. absent; patre absente = „in Abwesenheit des Vaters"*
☐ 562.	7	**cápere** M, cepi, captum	1) fassen, ergreifen, fangen; 2) nehmen	*kapieren (= verstehen), (ein Schiff) kapern; consilium capere = „einen Plan fassen"*
☐ 563.	(9)	→ **accípere** M, -cepi, -ceptum	erhalten, aufnehmen, annehmen	*ac-/ad- (= hinzu); akzeptieren*
☐ 564.	(16)	→ **recípere** M, -cepi, -ceptum	aufnehmen	*die Rezeption (Empfangsbereich eines Hotels etc.); ↔ **249** se recípere = „sich zurückziehen"*
☐ 565.	9	**carére** 2, -ui, (-iturus) (+ Abl.)	frei sein (von …), nicht haben	*Karenz; Romani iam cibo carebant. = „Die Römer hatten keine Nahrung mehr."*

☐ 566.	12	**dare** 1, dedi, datum	geben	*Dativ („Gib-Fall")*
☐ 567.	(14)	→ **réddere** 3, reddidi, redditum	zurückgeben	*re(d)- (= zurück); Di puero vitam reddiderunt. = „Die Götter gaben dem Buben das Leben zurück."*
☐ 568.	(18)	→ **trádere** 3, tradidi, traditum	1) ausliefern; 2) überliefern	*tra(ns)- (= hinüber); Tradition (= Überlieferung)*
☐ 569.	(18)	→ **se trádere**	sich ergeben	*Vercingetorix se Caesari tradidit. = „V. ergab sich Cäsar."*
☐ 570.	21	**mandare** 1, -avi, -atum	anvertrauen	*wörtl.: in manum dare = „in die Hand geben"; Mandant, Mandat*
☐ 571.	21	**praemium**, -i n.	die Belohnung, der Preis	*Prämie; Tibi praemium magnum dabo. = „Ich werde dir eine große Belohnung geben."*
☐ 572.	22	**tenére** 2, -ui, -	halten	*span. tener*
☐ 573.	(16)	**continére** 2, continui, -	zusammenhalten	*vgl. Kontinent, Container*
☐ 574.	(22)	**abstinére** 2, abstinui, -	(sich) fernhalten (von)	*vgl. abstinent; Achilles proelio se abstinebat. = „A. hielt sich von der Schlacht fern."*
☐ 575.	(22)	**obtinére** 2, obtinui, -	innehaben	*Agamemnon summum imperium obtinebat. = „A. hatte den Oberbefehl inne."*
☐ 576.	23	**consúmere** 3, -sumpsi, -sumptum	1) verbrauchen; 2) vernichten	*konsumieren; Roma flammis consumpta est. = „Rom wurde von den Flammen vernichtet."*
☐ 577.	(25)	→ **súmere** 3, sumpsi, sumptum	nehmen	*Odysseus truncum ex igne sumpsit. = „O. nahm einen Holzpfahl aus dem Feuer."*
☐ 578.	24	**praebére** 2, praebui, praebitum	(an)bieten, geben	*Cassandra Apollini gaudia sperata non praebuit. = „C. bot/gab Apoll die erhofften Freuden nicht."*
☐ 579.	30	**possidére** 2, possedi, possessum	besitzen	*vgl. Possessivpronomen (= besitzanzeigendes Fürwort, z. B. meus, tuus etc.)*

Nr.	Lec.	**18.1 Zeit: Nomina**		
☐ 580.	5	**otium**, -i n.	die Freizeit, die Erholung, die Muße	*Mihi otium est. = „Ich habe Freizeit."*
☐ 581.	6	**annus**, -i m.	das Jahr	*die Annalen (= Jahrbücher)*
☐ 582.	8	**hora**, -ae f.	die Stunde	*engl. hour*
☐ 583.	9	**nox**, noctis f.	die Nacht	*ital. notte; media nocte = „mitten in der Nacht"*
☐ 584.	13	**dies**, diei **m.**	der Tag	*engl. diary (= Tagebuch); Diem pulchrum agimus. = „Wir verbringen einen schönen Tag."*
☐ 585.	13	**meridies**, meridiei **m.**	der Mittag	*a. m. = ante meridiem („vor Mittag"); meridie = „zu Mittag"*
☐ 586.	16	**tempus**, témporis n.	die Zeit	*temporär; illo tempore = „zu jener Zeit"*
☐ 587.	18	**aetas**, aetatis f.	1) das Alter; 2) das Zeitalter, die Zeit	*ital. età; nostra aetate = „in unserer Zeit"*
☐ 588.	28	**aestas**, aestatis f.	der Sommer	*ital. estate; Aestas erat et deerat aqua. = „Es war Sommer und es gab kein Wasser."*
☐ 589.	30	**hiems**, hiemis f.	der Winter	*media hieme = „mitten im Winter"*
☐ 590.	35	**mora**, -ae f.	der Aufschub, die Verzögerung	*das Moratorium (= ein vereinbarter Aufschub); Dionysius Damoni moram trium dierum dedit. = „D. gab Damon einen dreitägigen Aufschub."*

Nr.	Lec.	18.2 Zeit und Raum: Adjektiva		
☐ 591.	4	**novus**/a/um	neu	*re-novieren, Novität (= Neuheit)*
☐ 592.	10	**summus**/a/um	1) der höchste; 2) sehr hoch	*Summe; engl. summit*
☐ 593.	(14)	→ **summo in monte**	auf der Spitze des Berges	*wörtl.: „auf dem höchsten Berg"*
☐ 594.	12	**medius**/a/um	1) der mittlere; 2) in der Mitte	*engl. medium (Kleidergröße); in medias res = „mitten in die Dinge hinein" (= unmittelbar, sofort)*
☐ 595.	12	→ **medio in labyrintho**	mitten im Labyrinth	*Theseus medio in labyrintho Minotaurum invenit. = „Th. fand mitten im Labyrinth den M."*
☐ 596.	15	**longus**/a/um	lang	*engl. long*
☐ 597.	16	**brevis**/e	kurz	*engl. brief; brevi tempore = „in kurzer Zeit"*
☐ 598.	16	**celer**/eris/ere	schnell	*engl. acceleration (= Beschleunigung); Hostes celeriter fugerunt. = „Die Feinde flohen schnell."*
☐ 599.	16	**latus**/a/um	weit, breit	*Latifundien (= große Landgüter)*
☐ 600.	17	**antiquus**/a/um	alt	*die Antiquitäten (= alte Kunstgegenstände)*
☐ 601.	19	**futurus**/a/um	zukünftig	*das Futur*
☐ 602.	19	**ultimus**/a/um	der letzte	*das Ultimatum (= letzte Aufforderung)*
☐ 603.	18	**prior** (m./f.), prius (n.)	der frühere	*die Priorität (= Vorrang, Vorzug)*
☐ 604.	19	**perpetuus**/a/um	ununterbrochen, ewig	*Caesar dictator perpetuus erat. = „C. war Diktator auf Lebenszeit."*
☐ 605.	22	**altus**/a/um	1) hoch; 2) tief	*Citius, altius, fortius. = „Schneller, höher, stärker." (Motto der Olympischen Spiele)*
☐ 606.	25	**plenus**/a/um	voll	*Plenus venter non studet libenter. = „Ein voller Bauch studiert nicht gerne."*
☐ 607.	25	**posterus**/a/um	folgend, nachfolgend	*vgl.* **741** *post + Akk. (= hinter, nach)*
☐ 608.	27	**proximus**/a/um	der nächste	*ital. prossimo; proximo die = „am nächsten Tag"*
☐ 609.	28	**fore** (= futurum esse)	sein werden	*= Infinitiv Futur (Kurzform)*

Nr.	Lec.	18.3 Zeit und Raum: Adverbia		
☐ 610.	1	**diu**	lange	*Discipuli iam diu laborant. = „Die Schüler arbeiten schon lange."*
☐ 611.	1	**hic**	hier	*Hic sedet Iulia. = „Hier sitzt Julia."*
☐ 612.	1	**nunc**	jetzt	*↔ 615 tum/tunc (= damals, dann)*
☐ 613.	1	**saepe**	oft	*Quintus saepe ridet. = „Quintus lacht oft."*
☐ 614.	1	**semper**	immer	*ital. sempre; Semperit = „Er (= der Reifen) geht immer."*
☐ 615.	1	**tum (= tunc)**	1) dann; 2) damals	*↔ 612 nunc (= jetzt)*
☐ 616.	2	**iam**	schon	*Iam diu te exspecto. = „Schon lange erwarte ich dich."*
☐ 617.	3	**ibi**	dort	*vgl. 815 ubi? (= wo?); Ubi bene, ibi patria. = „Wo es gut ist (es mir gut geht), ist die Heimat."*
☐ 618.	4	**postremo**	schließlich	*vgl. 628 denique / 635 tandem (= schließlich)*
☐ 619.	5	**iterum**	wieder	*Merksatz: „iterum ist wiederum"*
☐ 620.	6	**deinde**	dann	
☐ 621.	6	**paulo post**	wenig später	
☐ 622.	6	**post(ea)**	später, nachher	*vgl. 741 post + Akk. (= nach); multis annis post = „viele Jahre später"*
☐ 623.	7	**subito**	plötzlich	*↔ ital. subito (= sofort!); vgl. 636 repente (= plötzlich)*
☐ 624.	8	**non iam**	nicht mehr	*vgl. 616 iam (= schon); Lucretia non iam inter nos est. = „L. ist nicht mehr unter uns."*
☐ 625.	9	**statim**	sofort	*wörtl.: „auf der Stelle"; Canis statim paret. = „Der Hund gehorcht sofort."*
☐ 626.	11	**primo**	zuerst	*vgl. 687 primus (= der erste); primo … deinde … postremo = „zuerst … dann … schließlich"*
☐ 627.	11	**mox**	bald	*Mox taurus cum Europa in mari est. = „Bald ist der Stier mit Europa im Meer."*
☐ 628.	13	**denique**	schließlich	*Denique Icarus verba patris neglexit. = „Schließlich ignorierte I. die Worte des Vaters."*
☐ 629.	15	**olim**	einst	*Olim serpens Eurydicen necavit. = „Einst tötete eine Schlange Eurydike."*
☐ 630.	20	**antea**	vorher, früher	*vgl. 738 ante + ea = wörtl.: „vor diesen Dingen"*
☐ 631.	21	**eo**	dorthin	*vgl. 820 quo? (= wohin?); Cum eo eo eo. = „Ich gehe mit ihm dorthin."*
☐ 632.	23	**interea**	inzwischen	*744 inter + ea = wörtl.: „zwischen diesen Dingen"*
☐ 633.	23	**numquam**	niemals	*Troiam numquam superabimus. = „Wir werden Troja niemals besiegen."*
☐ 634.	24	**inde**	1) von da an (zeitl.); 2) von dort (örtl.)	*Inde Troiani Cassandrae verba neglegebant. = „Von da an ignorierten die T. Kassandras Worte."*
☐ 635.	25	**tandem**	endlich, schließlich	*Tandem Polyphemus vini plenus dormiebat. = „Endlich schlief P. betrunken ein."*
☐ 636.	27	**repente**	plötzlich	*vgl. 623 subito (= plötzlich)*

☐ 637.	28	**adhuc**	bisher, bis jetzt	*Marcus Aurelius adhuc multa bella feliciter gesserat. = „M. A. hatte bisher viele Kriege erfolgreich geführt."*
☐ 638.	29	**hodie**	heute	*aus: hoc + die = „an diesem Tag"*
☐ 639.	33	**quondam**	einst	*vgl. 629 olim; Croesus quondam Solonem invitavit. = „Einst lud Krösus Solon ein."*
☐ 640.	35	**interim**	inzwischen	*vgl. 632 interea; interimistisch (= einstweilig, vorläufig)*
☐ 641.	35	**procul**	von/in der Ferne	*Damon procul clamavit. = „D. rief von der Ferne."*

Nr.	Lec.	19. Menge und Grad		
☐ 642.	1	**magnus**/a/um	groß	*Magnum (Eis, Waffe)*
☐ 643.	(19)	→ **maior** (m./f.), maius (n.)	größer	*engl. major (= bedeutend)*
☐ 644.	(19)	→ **maximus**/a/um	der größte, sehr groß	*das Maximum (= der Höchstwert)*
☐ 645.	(8)	→ **maxime** (Adv.)	am meisten, sehr	*Romani maxime irati erant. = „Die R. waren sehr zornig."*
☐ 646.	(26)	→ **magnitudo**, magnitudinis f.	die Größe	*-tudo (Eigenschaft)*
☐ 647.	3	**multi**/ae/a (Pl.)	viele	*Multitalent, Multitasking (= die Fähigkeit, viele Tätigkeiten gleichzeitig auszuüben)*
☐ 648.	(19)	→ **plures** (m./f.), plura (n.) (Pl.)	mehr	*e pluribus unum = „aus mehreren eines" (Motto der Vereinigten Staaten von Amerika)*
☐ 649.	(19)	→ **plurimi**/ae/a (Pl.)	die meisten	*↔ 669 complures (= mehrere)*
☐ 650.	(11)	→ **multitudo**, multitudinis f.	die Menge	*-tudo (Eigenschaft)*
☐ 651.	3	**multum** (Adv.)	viel	*multum, non multa = „viel (= intensiv), nicht vielerlei"*
☐ 652.	(19)	→ **plus** (Adv.)	mehr	*Non plus ultra = „Nicht mehr weiter"*
☐ 653.	(19)	→ **plurimum** (Adv.)	am meisten	*multum lucis – plus lucis – plurimum lucis = „viel Licht – mehr Licht – am meisten Licht"*
☐ 654.	4	**copia**, -ae f.	die Menge, der Vorrat	*vgl. 232 copiae (Pl.) (= die Truppen)*
☐ 655.	6	**parvus**/a/um	klein	*↔ 642 magnus*
☐ 656.	(19)	→ **minor** (m./f.), minus (n.)	kleiner	*engl. minor (= geringer)*
☐ 657.	(19)	→ **minimus**/a/um	der kleinste	*das Minimum, Minimundus*
☐ 658.	(5)	→ **minime** (Adv.)	keineswegs	*minimal*
☐ 659.	8	**ceteri**/ae/a (Pl.)	die übrigen	*et cetera = „und das Übrige"*
☐ 660.	10	**pars**, partis f.	der Teil	*vgl. partiell*
☐ 661.	12	**nemo**	niemand	
☐ 662.	12	**nihil**	nichts	*Nihilist (= einer, der an nichts glaubt); vgl. 797 nihil nisi (= nichts außer; nur)*
☐ 663.	15	**cuncti**/ae/a (Pl.)	1) alle; 2) alles (n.)	*Cuncti flebant. = „Alle weinten."*
☐ 664.	18	**omnis**/e	Sg.: jeder, ganz	*ital. ogni;omnipräsent (= allgegenwärtig)*
☐ 665.	18	**omnes** (m./f.), omnia (n. Pl.)	alle (m./f.), alles (n.)	*Omnibus (= ein Fahrzeug „für alle")*
☐ 666.	18	**totus**/a/um, totius (2.F.), toti (3.F.)	ganz	*franz. tout, ital. tutto, span. todo; total*
☐ 667.	18	**pauci**/ae/a (Pl.)	wenige	*pauci nostrum = „wenige von uns"*

☐ 668.	20	**ingens** (m./f./n.), ingentis (2.F.)	riesig, gewaltig	*cum exercitu ingenti = „mit einem gewaltigen Heer"*
☐ 669.	22	**complures** (m./f.), complura (n.), (Pl.)	mehrere	↔ *648 plures (= mehr),* ↔ *649 plurimi (= die meisten)*
☐ 670.	23	**universi**/ae/a (Pl.)	alle (gemeinsam)	*universal, Universum*
☐ 671.	30	**réliquus**/a/um	übrig	*vgl. 497 relínquere (= zurücklassen)*
☐ 672.	33	**singuli**/ae/a (Pl.)	einzelne, je ein	*Singular*

Nr.	Lec.	20.1 Zahlwörter: Grundzahlen		
☐ 673.	8	**unus**/a/um, unius (2.F.), uni (3.F.)	ein(s), einzig	*Unikat (= Einzelstück)*
☐ 674.	6; 8	**duo**, duae, duo (Pl.)	zwei	*Duett, Duo*
☐ 675.	29	**uterque**, utraque, utrumque	beide, jeder von beiden	*Milites utriusque exercitus fortissime pugnabant. = „Die Soldaten beider Heere kämpften sehr tapfer."*
☐ 676.	8	**tres** (m./f.), tria (n.)	drei	*das Trium-virat (= Dreimännerbündnis)*
☐ 677.	8	**quattuor**	vier	*ital. quattro*
☐ 678.	8	**quinque**	fünf	*Quinquennium (= Zeitraum von fünf Jahren)*
☐ 679.	6	**sex**	sechs	*Sextett*
☐ 680.	8	**septem**	sieben	*Septem-ber (= 7. Monat im röm. Kalender)*
☐ 681.	8	**octo**	acht	*Okto-ber (= 8. Monat im röm. Kalender)*
☐ 682.	8	**novem**	neun	*Novem-ber (= 9. Monat im röm. Kalender)*
☐ 683.	8	**decem**	zehn	*Dezem-ber (= 10. Monat im röm. Kalender)*
☐ 684.	6	**duodecim**	zwölf	*Dutzend; griech. Dodekaeder (Körper mit zwölf Flächen)*
☐ 685.	8	**centum**	hundert	*ital. cento, franz. cent; Pro-zent; Zahlzeichen C*
☐ 686.	8	**mille** (Pl.: milia, -ium)	tausend	*Millennium (= Zeitraum von 1000 Jahren)*

Nr.	Lec.	20.2 Zahlwörter: Ordnungszahlen		
☐ 687.	8	**primus**/a/um	der erste	*Primel, prima, primär; primo anno = „im ersten Jahr"*
☐ 688.	8	**secundus**/a/um	der zweite	*Iulia secunda venit. = „Julia kommt als Zweite."*
☐ 689.	8	**tertius**/a/um	der dritte	*die Terz*
☐ 690.	8	**quartus**/a/um	der vierte	*die Quart; das Quartett*
☐ 691.	8	**quintus**/a/um	der fünfte	*die Quint*
☐ 692.	8	**sextus**/a/um	der sechste	*die Sext*
☐ 693.	8	**septimus**/a/um	der siebente	*die Septim*
☐ 694.	8	**octavus**/a/um	der achte	*die Oktave*
☐ 695.	8	**nonus**/a/um	der neunte	*Circa horam nonam clamavit Iesus. = „Etwa zur neunten Stunde schrie Jesus."*
☐ 696.	8	**decimus**/a/um	der zehnte	*Dezimalzahlen*
☐ 697.	26	**numerus**, -i m.	die Zahl, die Anzahl	*Nummer; der Numerus clausus (= zahlenmäßige Beschränkung)*

Nr.	Lec.	21.1 Pronomina: Possessivpronomina		
☐ 698.	1	**meus**/a/um	mein	*Iulia amica mea est. = „Julia ist meine Freundin."*
☐ 699.	2	**tuus**/a/um	dein	*Ubi est pensum tuum? = „Wo ist deine Aufgabe?"*
☐ 700.	4	**suus**/a/um	1) (Sg.): sein (m.), ihr (f.); 2) (Pl.): ihr	*Gladiator pro vita sua pugnat. = „Der Gl. kämpft um* ***sein*** *Leben." (Sg.) Gladiatores pro vita sua pugnant. = „Die Gl. kämpfen um* ***ihr*** *Leben." (Pl.)*
☐ 701.	11	**eius** (2.F.Sg.)	dessen, deren	*Mercurius Iovem adiuvat et eius iussa conficit. = „Merkur hilft Jupiter und führt dessen Befehle aus."*
☐ 702.	5	**noster**/nostra/nostrum	unser	*frz. notre; Pater noster = „Vater unser"*
☐ 703.	5	**vester**/vestra/vestrum	euer	*frz. votre; Vestra spectacula mihi non placent. = „Eure Schauspiele gefallen mir nicht."*
☐ 704.	11	**eorum/earum** (2.F.Pl.)	deren	*vgl.* **701** *eius (2.F.Sg.)*

Nr.	Lec.	21.2 Pronomina: Personal- und Reflexivpronomina		
☐ 705.	5	**ego** …	ich	*der Egoist (= jemand, der nur an sich denkt)*
☐ 706.	5	… **mei, mihi, me, a me/mecum**	meiner, mir, mich, von mir/mit mir	*Mihi spectacula gaudio non sunt. = „Mir bereiten die Schauspiele keine Freude."*
☐ 707.	5	**tu** …	du	*Ego Iuliam amo, tu Claudiam. = „Ich liebe Julia, du (liebst) Claudia."*
☐ 708.	5	… **tui, tibi, te, a te/tecum**	deiner, dir, dich, von dir/mit dir	*Num tibi spectacula vestra placent? = „Gefallen dir etwa eure Schauspiele?"*
☐ 709.	11	**is, ea, id** (m./f./n.)	er, sie, es	*vgl.* **728** *is, ea, id (= dieser); Mercurius statim paret. Nam is Iovem adiuvare solet. = „M. gehorcht sofort. Denn er pflegt Jupiter zu helfen."*
☐ 710.	5	**nos** …	wir	*frz. nous*
☐ 711.	5	… **nostri/nostrum, nobis, nos, a nobis/nobiscum**	unser/von uns, uns, uns, von uns/mit uns	*Quis vestrum nobiscum in thermas venit? = „Wer von euch kommt mit uns in die Thermen?"*
☐ 712.	5	**vos** …	ihr	*frz. vous*
☐ 713.		… **vestri/vestrum, vobis, vos, a vobis/vobiscum**	euer/von euch, euch, euch, von euch/mit euch	*Pax vobiscum! = „Der Friede (sei) mit euch!"*
☐ 714.	11	**ii, eae, ea** (m./f./n.)	sie	*In monte boves regis sunt: Duc eos ad litus! = „Am Berg sind die Rinder des Königs: Führe sie zur Küste!"*
☐ 715.	2; 5	… **sui, sibi, se, a se/secum**	seiner, sich, sich, von sich/mit sich	*Discipuli secum cogitant. = „Die Schüler denken bei sich." Martinus solus se humanum praestiterat. = „Nur M. hatte sich als menschlich erwiesen."*
☐ 716.	25	**se** (im ACI)	dass er/sie	*Ulixes intellexit se ad speluncam Polyphemi venisse. = „O. bemerkte, dass er zur Höhle Polyphems gekommen war."*

Nr.	Lec.	21.3 Pronomina: Indefinitpronomina		
☐ 717.	4	alius/a/ud	ein anderer (von mehreren)	↔ 724 *alter (= der andere von zweien)*
☐ 718.	4	alius – alius	der eine – der andere	*Alius gladiator gladium habet, alius sine gladio pugnat. = „Der eine Gladiator hat ein Schwert, der andere kämpft ohne Schwert."*
☐ 719.	8	solus/a/um	allein	*vgl.* 825 *solum (= nur)*
☐ 720.	8	nullus/a/um	kein	*nulla spes victoriae = „keine Hoffnung auf Sieg"*
☐ 721.	6	→ nonnulli/ae/a	einige	*wörtl.: „nicht keine"; nonnulli homines = „einige Menschen"*
☐ 722.	14	quidam, quaedam, quoddam	1) Sg.: ein (gewisser); 2) Pl.: einige	*quodam die = „eines Tages"; quidam homines = „einige Menschen"*
☐ 723.	28	ullus/a/um	irgendein	↔ 720 *nullus (= kein)*
☐ 724.	30	alter/era/erum	der andere (von zweien)	*mein Alter Ego = „mein anderes Ich"; Alternative*
☐ 725.	30	alter – alter	der eine – der andere	*Martinus alteram partem pauperi dedit, alterum iterum induit. = „Martin gab den einen Teil (des Mantels) dem Armen, den anderen zog er wieder an."*
☐ 726.	32	aliqui/-qua/-quod	(irgend)ein	*aliquae res utiles = „irgendwelche nützliche Sachen"*
☐ 727.	32	aliquis, aliquid	(irgend)jemand, -etwas	*Socrates aliquem sapientiorem quaerebat. = „S. suchte jemand Weiseren."*

Nr.	Lec.	21.4 Pronomina: Demonstrativpronomina		
☐ 728.	11	is, ea, id	dieser/e/es	*vgl.* 709 *is, ea, id (= er, sie, es); Eam puellam maxime amo. = „Dieses Mädchen liebe ich am meisten."*
☐ 729.	11	idem, éadem, idem	derselbe, dieselbe, dasselbe	*semper idem = „immer dasselbe"; eodem anno = „im selben Jahr"*
☐ 730.	14	hic, haec, hoc	dieser/e/es	↔ 611 *hic (= hier)*
☐ 731.	15	ille, illa, illud	jener	*Artikel frz. le/la*
☐ 732.	15	ipse, ipsa, ipsum	selbst	*Orpheus ipse in Tartarum descéndere constituit. = „O. beschloss, selbst in den T. hinabzusteigen."*
☐ 733.	19	iste, ista, istud	dieser/-e/-es da	*(abschätzig gemeint!); iste vir = „dieser Mann da"*

Nr.	Lec.	21.5 Sonstige Pronomina		
☐ 734.	12; 18	qui, quae, quod	1) welcher, der; 2) dieser (relativer Anschluss)	*Pater venit. Quem iam exspectavimus. = „Der Vater kommt. Diesen (= ihn) haben wir schon erwartet."*
☐ 735.	30	quidquid	alles, was; was auch immer	*Quidquid id est, timeo Danaos et dona ferentes. = „Was auch immer es ist, ich fürchte die Griechen, auch wenn sie Geschenke bringen."*
☐ 736.	32	tantus/a/um	so groß	*Merksatz: „Meine Tante ist so groß." (Siehe Merkhilfe auf S. 35!)*
☐ 737.	34	talis/e	so beschaffen, solch	*Tali vita non delector. = „Durch ein solches Leben werde ich nicht erfreut."*

NOTA BENE:
Vokabellernen funktioniert viel besser, wenn du die Vokabel im Kopf mit Bildern verknüpfst. Zum Vokabel *tantus* („so groß“) könnte das Merkbild etwa so aussehen:

Nr.	Lec.	22.1 Präpositionen + Akkusativ		
☐ 738.	2	ante (+ Akk.)	vor	*ante portas = „vor den Toren“; a.m. = ante meridiem („vor Mittag“)*
☐ 739.	3	ad (+ Akk.)	zu, an, bei	*ad curiam ambulare = „zur K. spazieren“; ad curiam esse = „ sich bei der Kurie aufhalten“*
☐ 740.	3	per (+ Akk.)	durch	*per Romae vias = „durch die Straßen Roms“*
☐ 741.	3	post (+ Akk.)	1) nach; 2) hinter	*post curiam = „hinter der Kurie“; p. m. = post meridiem („nach Mittag“)*
☐ 742.	6	trans (+ Akk.)	jenseits von, über	*Transit, Transfer; trans vallum = „über den Wall“*
☐ 743.	7	apud (+ Akk.)	bei	*apud Livium legimus = „bei Livius lesen wir“*
☐ 744.	7	inter (+ Akk.)	zwischen	*international, interkulturell (etc.)*
☐ 745.	14	contra (+ Akk.)	gegen	*Kontrast; Pro und Kontra (= Für und Wider)*
☐ 746.	21	praeter (+ Akk.)	außer	*omnes deae praeter Discordiam = „alle Göttinnen außer der Zwietracht“*
☐ 747.	21	→ praeterea (Adv.)	außerdem	*aus: praeter + ea, wörtl.: „außer diesen Dingen“*
☐ 748.	23	intra (+ Akk.)	innerhalb	*intravenös; intra moenia = „innerhalb der Mauern“*
☐ 749.	26	usque ad (+ Akk.)	bis zu	*usque ad tempus nostrum = „bis zu unserer Zeit“*
☐ 750.	29	extra (+ Akk.)	außer	*das Extra, extravagant; extra urbem = „außerhalb der Stadt“*
☐ 751.	29	prope (+ Akk.)	nahe bei	*vgl. 494 appropinquare (= sich nähern); prope pontem Mulvium = „nahe der Milvischen Brücke“*
☐ 752.	33	ob (+ Akk.)	wegen	*ob eam rem/quam ob rem = „deswegen“*
☐ 753.	34	supra (+ Akk.)	über, oberhalb	*Damocles supra caput gladium conspexit. = „D. erblickte über seinem Kopf ein Schwert.“*
☐ 754.	35	propter (+ Akk.)	wegen	*Propter hoc nefas iste vir capitis damnandus est. = „Wegen dieses Verbrechens muss dieser Mann (da) zum Tode verurteilt werden.“*

Nr.	Lec.	22.2 Präpositionen + Ablativ		
☐ 755.	4	**a, ab** (+ Abl.)	von	*ab amphitheatro = „vom Amphitheater"*
☐ 756.	4	**e, ex** (+ Abl.)	aus, von	*e terris alienis = „aus fremden Ländern"*
☐ 757.	4	**de** (+ Abl.)	1) über; 2) von … herab	*De spectaculis tibi narro. = „Ich erzähle dir über die Schauspiele."*
☐ 758.	4	**cum** (+ Abl.)	mit	*ital. + span. con; summa cum laude = „mit höchstem Lob" (akademische Auszeichnung)*
☐ 759.	4	**sine** (+ Abl.)	ohne	*frz. sans, ital. senza, span. sin*
☐ 760.	4	**pro** (+ Abl.)	für	*Pro und Kontra (= Für und Wider)*
☐ 761.	4	**prae** (+ Abl.)	vor	*Präposition (= Vorwort)*

Nr.	Lec.	22.3 Präpositionen + Akkusativ oder Ablativ		
☐ 762.	5	**in** (+ Akk.)	in, nach, gegen (Frage: wohin?)	*in aquam saltare = „ins Wasser springen"*
☐ 763.	5	**in** (+ Abl.)	in, auf, bei (Frage: wo?)	*in aqua sedére = „im Wasser sitzen"*
☐ 764.	5	**sub** (+ Akk.)	unter (Frage: wohin?)	*engl. subway (= Unterführung)*
☐ 765.	5	**sub** (+ Abl.)	unter (Frage: wo?)	*sub aqua esse = „unter Wasser sein"*

in aquam saltat in aqua sedent

Nr.	Lec.	22.4 Präpositionen + Genitiv		
☐ 766.	24	**causa** (nach Gen.)	1) wegen; 2) um zu	*h. c. = honoris causa (Ehrentitel); orandi causa = „um zu beten"*

Nr.	Lec.	23.1 Bindewörter: beiordnende Konjunktionen		
☐ 767.	1	**et**	und	*frz. et, ital. e*
☐ 768.	(15)	→ **et … et**	sowohl … als auch	*Orpheus et homines et animalia carminibus delectabat. = „O. unterhielt mit seinen Liedern sowohl Menschen als auch Tiere."*
☐ 769.	1	**ítaque**	daher, deshalb	*vgl. 789 ergo / 790 igitur (= daher)*
☐ 770.	1	**sed**	aber; sondern	*vgl. 777 autem (= aber)*

☐ 771.	2	**etiam**	auch, sogar	*vgl.* **776** *quoque (= auch)*
☐ 772.	2	**non solum – sed etiam**	nicht nur – sondern auch	*Non solum nos, sed etiam vos. = „Nicht nur wir, sondern auch ihr."*
☐ 773.	3	**-que**	und	*SPQR = Senatus populusque Romanus*
☐ 774.	4	**neque (= nec)**	und nicht, auch nicht	
☐ 775.	(8)	→ **neque – neque (= nec – nec)**	weder – noch	*neque nos neque vos = „weder wir noch ihr"*
☐ 776.	5	**quoque** (nachgestellt)	auch, sogar	*Mihi quoque lingua Latina placet. = „Auch mir gefällt die lateinische Sprache."*
☐ 777.	6	**autem** (nachgestellt)	aber	*ego autem (= sed ego) = „aber ich"*
☐ 778.	6	**tamen**	dennoch	*Rhea Silvia tamen duos filios habuit. = „R. S. hatte dennoch zwei Söhne."*
☐ 779.	7	**nam**	denn, nämlich	*vgl.* **786** *enim (= denn, nämlich)*
☐ 780.	10	**ne … quidem**	nicht einmal …	*Ne Roma quidem Hannibalem prohibere possunt. = „Nicht einmal von Rom können sie H. fernhalten."*
☐ 781.	12	**atque (= ac)**	und	*vgl.* **767** *et /* **773** *-que (= und)*
☐ 782.	18	**at**	aber	↔ **781** *ac (= atque)*
☐ 783.	18	**aut**	oder	*vgl.* **791** *vel (= oder)*
☐ 784.	18	**aut … aut**	entweder … oder	*aut ego aut tu = „entweder ich oder du"*
☐ 785.	19	**quidem**	zwar, freilich	*Ista quidem vis est! = „Das ist ja (= freilich) Gewalt!"*
☐ 786.	20	**enim** (nachgestellt)	denn, nämlich	*vgl.* **779** *nam (= denn); Te enim amo. = „Denn ich liebe dich."*
☐ 787.	21	**sive – sive (= seu – seu)**	sei es (dass) – sei es (dass), vielleicht – vielleicht	*Sive verbis mulieri persuasit, sive eam vi coegit. = „Sei es, dass er die Frau überredete, sei es, dass er sie zwang."*
☐ 788.	25	**vero**	aber	*Cyclopes vero convocati dixerunt = „Aber die zusammengerufenen Zyklopen sagten"*
☐ 789.	31	**ergo**	daher, folglich	*Cogito, ergo sum. = „Ich denke, daher bin ich."*
☐ 790.	31	**igitur**	also, daher	*Gaudeamus igitur! = „Lasst uns also fröhlich sein!"*
☐ 791.	32	**vel**	oder	*vgl.* **783** *aut (= oder)*
☐ 792.	32	**vel – vel**	entweder – oder	*vgl.* **784** *aut – aut*

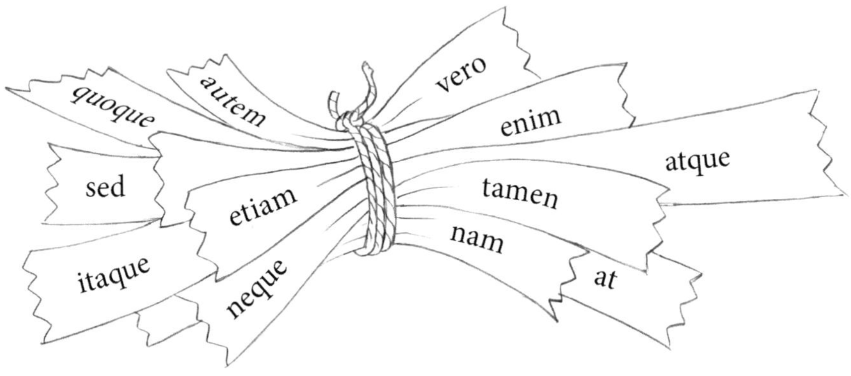

Nr.	Lec.	23.2 Bindewörter: unterordnende Konjunktionen (Gliedsatzeinleitungen)		
☐ 793.	2	quod	1) weil; 2) dass; 3) (relativ:) was	*Quod erat demonstrandum (q. e. d.).* *= „Was zu beweisen war."*
☐ 794.	4	si	wenn, falls	*Si tacuisses, philosophus mansisses.* *= „Wenn du geschwiegen hättest, wärest du ein Philosoph geblieben."*
☐ 795.	7	dum (+ Präsens)	während	*Dum Sabini spectacula vident, Romani subito filias Sabinorum rapuerunt.* *= „Während die Sabiner die Schauspiele betrachteten, raubten die Römer plötzlich die Töchter der Sabiner."*
☐ 796.	8	nisi	wenn nicht, falls nicht	*vgl. 794 si (= wenn)*
☐ 797.	(12)	→ nihil nisi	1) nichts außer; 2) nur	*wörtl.: „nichts, wenn nicht"; Nihil nisi optimum satis (est). = „Nur das Beste ist gut genug."*
☐ 798.	9	quamquam	obwohl	*Romani, quamquam iam cibo carent, anseres non necant. = „Obwohl die Römer keine Nahrung mehr haben, töten sie die Gänse nicht."*
☐ 799.	14	cum (+ Indikativ)	wenn, sooft, als	*Cum in schola sum, dormire volo. = „Sooft ich in der Schule bin, will ich schlafen."*
☐ 800.	15	postquam (+ Perfekt)	nachdem	*Postquam Orpheus cecinit, umbrae mortuorum flebant. = „Nachdem O. über seine Liebe gesungen hatte, weinten die Schatten der Toten."*
☐ 801.	17	priusquam	bevor	*Priusquam Catilina Romam adiit, senatus exercitum magnum misit. = „Bevor C. Rom angriff, schickte der Senat ein großes Heer."*
☐ 802.	18	ubi (+ Perfekt)	sobald	*↔ 815 ubi? (= wo?)*
☐ 803.	22	quia	weil	*vgl. 793 quod / 809 quoniam (= weil)*
☐ 804.	23	etsi	wenn auch, obwohl	*vgl. 798 quamquam (= obwohl)*
☐ 805.	26	quasi	gleichsam (als), wie	*„Er hat es mir quasi (= gewissermaßen) versprochen."*
☐ 806.	31*	ut (+ Konj.)	1) dass; 2) damit; 3) sodass	*Opto, ut ad me venias. = „Ich wünsche, dass du zu mir kommst."*
☐ 807.	31*	ne (+ Konj.)	1) dass nicht; 2) damit nicht	*Opto, ne ad me venias. = „Ich wünsche, dass du nicht zu mir kommst."*
☐ 808.	32**	cum (+ Konj.)	1) als; 2) weil; 3) obwohl	*Cum domum venissem, statim dormivi.* *= „Als ich nach Hause gekommen war, schlief ich sofort ein."*
☐ 809.	35	quoniam	weil (ja)	*vgl. 793 quod / 803 quia (= weil)*

Nr.	Lec.	24 Fragewörter		
☐ 810.	1	cur?	warum?	*Cur Quintus laetus non est? = „Warum ist Quintus nicht fröhlich?"*
☐ 811.	2	quis?	wer?	*Quis pensum secum non habet?* *= „Wer hat seine Aufgabe nicht dabei?"*
☐ 812.	9	→ cui?	wem?	*Cui bono? = „Wem nützt es?"*
☐ 813.	9	→ quem?	wen?	*Quem Romani maxime timent?* *= „Wen fürchten die Römer am meisten?"*

* L4: Lec. 22; ** L4: Lec. 23

☐ 814.	2	**quid?**	was?	*Quid grammaticus docet? = „Was unterrichtet der Lehrer?"*
☐ 815.	2	**ubi?**	wo?	*vgl. 617 ibi (= dort); ↔ 802 ubi (= sobald)*
☐ 816.	3	**-ne?**	(Fragepartikel, unübersetzt)	*Amasne me? = „Liebst du mich?"*
☐ 817.	5	**nonne?**	nicht?	*Nonne spectacula Romana pulchra sunt? = „Sind die römischen Schauspiele nicht schön?"*
☐ 818.	5	**num?**	etwa?	*Num tibi spectacula Romana placent? = „Gefallen dir etwa die römischen Schauspiele?"*
☐ 819.	12	**quomodo?**	wie?	*wörtl. „auf welche Weise", vgl. 416 modus (= Weise); Quomodo vales? = „Wie geht es dir?"*
☐ 820.	27	**quo?**	wohin?	*vgl. 631 eo (= dorthin); Quo vadis? = „Wohin gehst du?"*
☐ 821.	33	**num** (indir. Frage, + Konjunktiv)	ob	*Num beatissimus sis, nescio. = „Ob du der Glücklichste bist, weiß ich nicht."*

Nr.	Lec.	**25 Sonstige „Kleine Wörter"**		
☐ 822.	1	**non**	nicht	*frz. + ital. non, span. no*
☐ 823.	2	**quam**	wie	*Quam pulchra Roma est! = „Wie schön ist Rom!" (vgl. 834 quam = „als")*
☐ 824.	3	**tam**	so	
☐ 825.	3	**solum**	nur	*ital. solo; vgl. 719 solus*
☐ 826.	3	**certe**	sicherlich	*engl. certainly*
☐ 827.	5	**ita**	so	*Ita est. = „Ja."*
☐ 828.	7	**ut** (+ Indikativ)	1) wie; 2) als	*ut apud Livium legimus = „wie wir bei Livius lesen"* *↔ 806 ut + Konj. (= (so)dass, damit)*
☐ 829.	9	**clam**	heimlich	*klamm-heimlich (= ganz heimlich)*
☐ 830.	14	**paene**	fast, beinahe	*engl. pen-insula („Fast-Insel" = Halbinsel)*
☐ 831.	15	**frustra**	vergeblich	*die Frustration (= enttäuschte Erwartung)*
☐ 832.	17	**fere**	ungefähr	*↔ 529 ferre (= tragen, bringen); Cicero haec fere dixit. = „Cicero sagte ungefähr Folgendes."*
☐ 833.	17	**sponte (sua)**	freiwillig	*Verres sponte sua in exilium iit. = „Verres ging freiwillig ins Exil."*
☐ 834.	18	**quam** (nach Komparativ)	als	*Plus-quam-perfekt (= „mehr als vergangen"); vgl. 823 (quam = „wie")*
☐ 835.	21	**eiúsmodi**	derartig	*wörtl. „dieser Art"; vgl. 416 modus (= Art)*
☐ 836.	22	**magis**	mehr	*vgl. 34 magister (= Lehrer)*
☐ 837.	25	**forte**	zufällig	*↔ 250 Adj. fortis/e (= tapfer)*
☐ 838.	27	**sic**	so	*ital. sì (= ja); Sic transit gloria mundi. = „So vergeht der Ruhm der Welt."*
☐ 839.	28	**ecce!**	siehe!	*Ecce, miraculum accidit! = „Siehe, ein Wunder geschah!"*
☐ 840.	28	**vix**	kaum	*Milites sitim vix tolerabant. = „Die Soldaten ertrugen den Durst kaum (mehr)."*
☐ 841.	31	**ne** (+ Konj. im HS)	nicht	*Ne hoc dixeris! = „Sag das nicht!"*
☐ 842.	34	**satis**	genug	*die Satisfaktion (= Genugtuung)*

☐ 843.	35	**quam** (+ Superlativ)	möglichst	*quam celerrime = „möglichst schnell"; vgl. 823 (quam = wie) und 834 (quam = als)*
☐ 844.	35	**valde**	sehr	*Vidit Deus cuncta, quae fecit, et erant valde bona. = „Gott sah alles an, was er gemacht hatte, und es war sehr gut."*

Nr.	Lec.	26 Eigennamen		
☐ 845.	2	**Latinus**/a/um	lateinisch	*lingua Latina = „die lateinische Sprache"*
☐ 846.	2	**Graecus**/a/um	griechisch	*lingua Graeca = „die griechische Sprache"*
☐ 847.	(5)	→ **Graeci**, -orum m. (Pl.)	die Griechen	
☐ 848.	(21)	→ **Graecia**, -ae f.	Griechenland	*engl. Greece*
☐ 849.	3	**Roma**, -ae f.	Rom	*Romam eo. = „Ich gehe nach Rom." Romae sum. = „Ich bin in Rom." Roma venio. = „Ich komme aus Rom."*
☐ 850.	3	**Romanus**/a/um	römisch	*imperium Romanum = „das römische Reich"; SPQR = Senatus populusque Romanus („Senat und Volk von Rom")*
☐ 851.	4	**Romani**, -orum m. (Pl.)	die Römer	
☐ 852.	9	**Galli**, -orum m. (Pl.)	die Gallier	
☐ 853.	(18)	→ **Gallia**, -ae f.	Gallien	*Gallia est omnis divisa in partes tres. = „Ganz Gallien ist in drei Teile geteilt."*
☐ 854.	9	**Iuno**, Iunonis f.	Juno	*griech. Hera*
☐ 855.	11	**Iup(p)iter**, Iovis m.	Jupiter	*Quod licet Iovi, non licet bovi. = „Was dem Jupiter erlaubt ist, ist dem Ochsen nicht erlaubt."*
☐ 856.	18	**Caesar**, Caesaris m.	Cäsar	*C. (= Gaius) Iulius Caesar (Vorname + Familienname + Beiname)*
☐ 857.	21	**Venus**, Veneris f.	Venus	*griech. Aphrodite*
☐ 858.	21	**Troia**, -ae f.	Troja	*griech. Ilion*
☐ 859.	22	**Troiani**, -orum m. (Pl.)	die Trojaner	
☐ 860.	23	**Troianus**/a/um	trojanisch	*bellum Troianum = „der Trojanische Krieg"*
☐ 861.	23	**Ulixes**, Ulixis m.	Odysseus	
☐ 862.	22	**Apollo**, Apollinis m.	Apoll(o)	*griech. Apollon*
☐ 863.	26	**Christiani**, -orum m. (Pl.)	die Christen	
☐ 864.	31	**Athenienses**, Atheniensium m. (Pl.)	die Athener	

ERWEITERUNGSWORTSCHATZ

Bei den folgenden Vokabeln handelt es sich um das Erweiterungsvokabular gegenüber dem Grundband (*MIR* 3–4 **L6**; *MIR* 5–6 **L4**). Das heißt: Hier findest du Vokabel zu bestimmten Themen, die dir bei der Autorenlektüre im Rahmen der vom Lehrplan vorgeschriebenen Module (Themen) besonders oft begegnen werden.

Folgendes ist bei den Themenwortschätzen zu beachten:

- Innerhalb der einzelnen Abschnitte sind die Wörter meistens alphabetisch gereiht. Handelt es sich um Komposita, sind diese unmittelbar beim Grundwort eingerückt angeführt. Auch bei manchen Sachfeldern ist die alphabetische Reihenfolge aus inhaltlichen Gründen durchbrochen.
- Im Gegensatz zum Grundwortschatz ist bei Wörtern der a- und o-Deklination das Geschlecht nicht mehr angegeben (d. h. Nomina auf *-us/-i* sind maskulin, auf *-a/-ae* feminin, auf *-um/-i* neutrum).
- Bei den übrigen Deklinationen ist das Geschlecht immer angeführt. Ist die Angabe **fett** gedruckt, handelt es sich um eine Ausnahme zu den gängigen Geschlechtsregeln.
- Fallweise werden auch (z. B. als Abrundung einer Wortfamilie) einzelne Wörter aus dem Grundwortschatz noch einmal angeführt.
- Passt ein Wort zu verschiedenen verwandten Themenkreisen, kann es auch doppelt oder mehrfach angeführt sein.
- Dort, wo die Betonung nicht selbstverständlich ist, wird sie durch einen Akzent angegeben, insbesondere bei Verba mit dem Infinitiv auf *-ere* zur Unterscheidung der Konjugationen.

1. „Kleine Wörter"

1.1 Pronomina

☐	**nil** (= nihil)	nichts	*De mortuis nil nisi bene. = „Über die Toten (soll) nur gut (geredet werden)."*
☐	**qui-/quae-/quodcumque**	wer/was auch immer	
☐	**quisquam/quidquam**	irgendjemand/-etwas	
☐	**quisque**	jeder	*Suum cuique. = „Jedem das Seine."*
☐	**quisquis / quidquid**	jeder, der / alles, was	
☐	**qualis/e – talis/e**	welch – solch	*die Qualität (= Beschaffenheit, Eigenschaft einer Sache)*
☐	**quantus/a/um – tantus/a/um**	wie groß – so groß	*die Quantität (= Menge, Anzahl)*
☐	**quantum – tantum**	wie sehr – so sehr	*das Quantum (= eine bestimmte Menge)*
☐	**quot – tot**	wie viele – so viele	*Quot homines, tot sententiae = „Wie viele Menschen, so viele Meinungen"*
☐	**sese** (= se)	1) sich; 2) (im ACI:) dass er/sie	

1.2 Bindewörter

☐	**et** (= etiam)	auch	*Et tu, Brute? = „Auch du, Brutus?"*
☐	**ideo**	daher, deshalb	*= ergo, itaque, igitur*
☐	**modo – modo**	bald – bald	*modo ego, modo tu = „bald ich, bald du"*
☐	**non modo – sed etiam = non modo – verum etiam**	nicht nur – sondern auch	
☐	**-que … -que = -que … et** (= et … et)	sowohl – als auch	
☐	**quod**	1) weil; 2) dass; 3) was	

☐ **quoniam**	weil	*= quod, quia, cum (+ Konj.)*
☐ **si qui/qua/quod**	wenn irgendein	
☐ **si quis/quid**	wenn jemand/etwas	
☐ **utrum … an** (in indirekten Fragen)	ob … oder	*Nescio, utrum in schola sis an domi. = „Ich weiß nicht, ob du in der Schule bist oder zu Hause."*
☐ **an**	ob; oder	
☐ **uti** (= ut)	1) (+ Indik.) wie; als 2) (+ Konj.) dass, damit, sodass	
☐ **verum** (= vero)	aber	*non solum – verum etiam = „nicht nur – sondern auch"*

1.3 Adverbia

☐ **adeo**	so sehr	
☐ **ante** (= antea)	vorher, früher	*multis annis ante = „viele Jahre vorher"*
☐ **dein** (= deinde)	dann	*primum – deinde – postremo = „zuerst – dann – schließlich"*
☐ **forte**	zufällig	*↔ fortis/e (= tapfer)*
☐ **modo**	1) soeben, gerade noch; 2) nur	*vgl. non modo – sed etiam (= nicht nur, sondern auch)*
☐ **nimium** (= nimis)	allzu sehr	
☐ **nondum**	noch nicht	
☐ **omnino**	gänzlich, völlig	*vgl. omnis/e (= jeder, ganz), omnes (= alle)*
☐ **parum**	zu wenig	
☐ **plerumque**	meistens	*↔ plerique/pleraeque/pleraque (= die meisten)*
☐ **primum** (= primo)	zuerst, zum ersten Mal	
☐ **quondam**	einst	*= olim*
☐ **rursus**	wieder	*= iterum*
☐ **satis**	genug, genügend	*vgl. engl. satisfied (= zufrieden)*
☐ **simul**	gleichzeitig, zugleich	*vgl. simultan*
☐ **tantum**	so sehr; so viel	*↔ tantus/a/um (= so groß)*
☐ **vere**	echt, tatsächlich	*↔ verus/a/um (Adj.) (= wahr, echt)*

* *Echt fett!*

1.4 Zahlwörter

☐ **ambo, ambae, ambo** (Pl.)	beide	*ambivalent (= doppeldeutig)*
☐ **plerique, pleraeque, pleraque** (Pl.)	die meisten	*vgl. plerumque (= meistens)*

☐ **semel** (Adv.)	einmal	
☐ **bis**	zweimal	*bi- = „doppelt", „zwei" (z. B. bilingual = „zweisprachig")*
☐ **ter**	dreimal	
☐ **quater**	viermal	

NOTA BENE:
Durch dieses Bild merkst du dir die lateinischen Wörter für „einmal" bis „viermal" garantiert durch (einmal ☺) hinschauen …

1.5 Präpositionen

☐ **adversus** (+ Akk.)	gegen	*adversus hostes = „gegen die Feinde"*
☐ **circa** (+ Akk.)	um … herum	*= circum; circa urbem = „um die Stadt herum"*
☐ **ex** (+ Abl.)	(auch:) seit	*ex eo anno = „seit diesem Jahr"*
☐ **in** (+ Akk.)	(auch:) gegen	*in hostes pugnare = „gegen die Feinde kämpfen"*
☐ **propter** (+ Akk.)	wegen	*= ob (+ Akk.)*
☐ **supra** (+ Akk.)	über	*supra als Adverb: „oberhalb"*
☐ **super** (+ Akk.)	über	*super als Adverb: „oberhalb"*

1.6 Sonstige

☐ **ait/aiunt**	er sagt/sie sagen	*(in die direkte Rede eingeschoben)*
☐ **haud**	nicht	*Haud male! = „Nicht schlecht!"*
☐ **heu!**	ach!	
☐ **id est**	das heißt	*vgl. engl. i. e. (= das heißt)*
☐ **opus est** (+ Abl.)	man benötigt, man braucht	*mihi auxilio opus est = „ich brauche Hilfe" ↔ opus, operis (= Werk)*
☐ **quare**	weshalb; deshalb	*Quare me non visitavisti? = „Warum hast du mich nicht besucht?"*
☐ **quemadmodum?**	wie?	*wörtl.: „auf welche Weise" (= quomodo)*
☐ **quo – eo** (+ Komparativ)	je – desto	*quo celerius, eo melius = „je schneller, desto besser"*
☐ **sicut**	(so) wie	*aus: sic + ut (= so wie)*
☐ **unde**	woher; daher	*Unde venis? = „Woher kommst du?"*

2. Familie und Verwandtschaft

☐ **parentes**, parentum m. (Pl.)	die Eltern	*engl. parents*
☐ **pater**, patris m.	der Vater	*das Patriarchat*
☐ **patrius/a/um**	väterlich / des Vaters	*manus patriae = „die Hände des Vaters"*
☐ **mater**, matris f.	Mutter	*das Matriarchat*
☐ **coniu(n)x**, coniugis m./f.	der Gatte / die Gattin	*vgl. coniungere 3 (= „verbinden", „vereinigen")*
☐ **coniuges**, coniugum m. (Pl.)	die Ehegatten	
☐ **coniugium**, -i	die Ehe	
☐ **uxor**, uxoris f.	die Gattin	
☐ **maritus**, -i	der Gatte	*ital. marito*
☐ **vir**, viri	der Mann	*das Triumvirat (= Dreimännerbündnis)*
☐ **femina**, -ae	die Frau	*feminin, Feminismus*
☐ **mulier**, mulíeris f.	die Frau	*span. la mujer*
☐ **liberi**, -orum (Pl.)	die Kinder	*wörtl.: „die Freigeborenen" (vgl. liber/era/um = „frei")*
☐ **proles**, prolis f.	die Kinder, die Nachkommen(schaft)	*das Proletariat (→ hat keinen Besitz außer die Kinder), der Prolet*
☐ **natus**, -i (= filius, -i)	der Sohn	*natus/a/um (= „geboren")*
☐ **nata**, -ae (= filia, -ae)	die Tochter	
☐ **nepos**, nepotis m.	der Enkel	
☐ **frater**, fratris m.	der Bruder	*il fratello, frz. le frère*
☐ **soror**, sororis f.	die Schwester	*ital. la sorella, frz. la soeur*
☐ **maiores**, maiorum m. (Pl.)	die Vorfahren	*wörtl.: „die Größeren / Älteren"*
☐ **avus**, -i	der Großvater	
☐ **avia**, -ae	die Großmutter	
☐ **avunculus**, -i	der Onkel	*-ulus (Verkleinerung)*
☐ **puer**, pueri	der Bub	*pueril (= knabenhaft, kindlich)*
☐ **puella**, -ae	das Mädchen	*assimiliert aus puer-la*
☐ **virgo**, virginis f.	die junge Frau, die Jungfrau	*engl. virgin*
☐ **adulescens**, adulescentis m.	der junge Mann	*(ca. 18–30 Jahre)*
☐ **adulescentia**, -ae	die Jugend	*Adoleszenz (= junges Erwachsenenalter)*
☐ **iuvenis**, iuvenis m.	der junge Mann	*(ca. 30–45 Jahre); juvenil (= jugendlich)*
☐ **iuventus**, iuventutis f.	die Jugend	*vgl. Juventus Turin*

☐ **senex**, senis **m.**	der alte Mann	*Senat, senil (= greisenhaft)*
☐ **senectus**, senectutis f.	das Greisenalter	*-us, -utis (Eigenschaft)*

☐ **dominus**, -i	der Herr	*dominieren (= beherrschen), dominant*
☐ **domina**, -ae	die Herrin	
☐ **servus**, -i	der Sklave, der Diener	*servil (= unterwürfig)*
☐ **serva**, -ae	die Sklavin, die Dienerin	
☐ **ancilla**, -ae	die Magd, die Dienerin	

3. Körper und Aussehen

☐ **artus**, artus m.	das Körperglied	*der Artikel*
☐ **auris**, auris f.	das Ohr	*ital. orecchio*
☐ **bellus**/a/um	hübsch	*ital. bello/a, frz. bel(le)*

☐ **bracchium**, -i	der Arm	*Brachialgewalt (= rohe, körperliche Gewalt)*
☐ **caput**, cápitis n.	der Kopf	*Kapuze, Kapitän*
☐ **collum**, -i	der Hals	*das Kollier (= Halsschmuck)*
☐ **capillus**, -i	das Haar	*Kapillargefäß (= Haargefäß)*
☐ **coma**, -ae	das Haar	*der Komet (= Haarstern)*
☐ **crinis**, crinis **m.**	das Haar	
☐ **cor**, cordis **n.**	das Herz	*ital. cuore, frz. coeur*
☐ **corpus**, córporis n.	der Körper	*das Corpus delicti (= Beweisstück)*
☐ **crus**, cruris n.	das Bein; der Unterschenkel	
☐ **dens**, dentis **m.**	der Zahn	*Dentalhygiene, engl. dentist*
☐ **digitus**, -i	der Finger	*Digitalsystem (digitus: auch = „Zahl")*
☐ **facies**, faciei f.	das Gesicht; die Gestalt	*engl. face*
☐ **forma**, -ae	1) das Aussehen; 2) die Schönheit	*Form*
☐ **formosus**/a/um	schön	*-osus (= reich an, Fülle an)*
☐ **frons**, frontis f.	die Stirn	*frontal, Front*
☐ **levis**/e	leicht	*engl. relieved (= erleichtert)*
☐ **manus**, manus **f.**	die Hand	*manuell, Manufaktur; Manus manum lavat. = „Eine Hand wäscht die andere."*
☐ **membrum**, -i	der Körperteil, das Glied	*engl. member*
☐ **oculus**, -i	das Auge	*das Okular, das Monokel*
☐ **os**, oris **n.**	der Mund	*oral (den Mund betreffend)*
☐ **pectus**, péctoris n.	die Brust	*ital. petto (= Brust)*

☐	**pellis**, pellis f.	die Haut	*die Pelle (z. B. „jemandem auf die Pelle rücken" = dicht heranrücken, bedrängen)*
☐	**pes**, pedis **m.**	der Fuß	*Pedal; stante pede = „sofort" (wörtl.: stehenden Fußes)*
☐	**sanguis**, sanguinis **m.**	das Blut	
☐	**tenuis**/e	dünn, zart	
☐	**tergum**, -i	der Rücken	*a tergo = „von hinten"*
☐	**umerus**, -i	die Schulter	
☐	**venter**, ventris m.	der Bauch	*Plenus venter non studet libenter. = „Ein voller Bauch studiert nicht gern."*
☐	**vultus** (= voltus), vultus m.	das Gesicht, die Miene	

4. Liebe und Freude

☐	**amare** 1	lieben	
☐	**amans**, amantis m.	der Liebende	*Amantes amentes. = „Die Liebenden (sind) verrückt."*
☐	**amor**, amoris m.	die Liebe	*ital. amore, frz. amour*
☐	**aptus**/a/um	geeignet	*adaptieren (= anpassen), Adapter*
☐	**ardére** 2, arsi (arsurus)	brennen, entflammt sein	
☐	**ardor**, ardoris m.	das Brennen, die Liebesglut	
☐	**basiare** 1	küssen	*frz. baiser*
☐	**basium**, -i	der Kuss	*ital. bacio*
☐	**beatus**/a/um	glücklich	
☐	**blandus**/a/um	zärtlich	
☐	**caritas**, caritatis f.	die Liebe	*die Caritas (christliche Hilfsorganisation)*
☐	**carus**/a/um	lieb, teuer	*ital. caro*
☐	**cúpere** M, cupivi, cupitum	begehren, wünschen	*↔ cápere M (= fassen, fangen)*
☐	**cúpidus**/a/um	gierig (+ Gen.: nach)	*Nero gloriae cupidus erat. = „Nero war nach Ruhm gierig."*
☐	**cupiditas**, cupiditatis f.	die Begierde, die Gier	
☐	**cupído**, cupídinis f.	die Begierde, das Verlangen	
☐	**Cupído**, Cupídinis m.	Cupido (= Amor)	*engl. Cupid; der Liebesgott (griech. Eros)*
☐	**desiderium**, -i	die Sehnsucht	*engl. desire*
☐	**dilígere** 3, dilexi, dilectum	lieben	*vgl. amare*
☐	**domina**, -ae	die Herrin, die Angebetete	
☐	**dulcis**/e	süß	*ital. dolce*
☐	**facies**, faciei f.	das Gesicht; die Gestalt	*engl. face*
☐	**fax**, facis f.	die (Hochzeits-)Fackel	
☐	**felix**, felícis	glücklich	*Felix (Vorname)*
☐	**fides**, fidei f.	die Treue	
☐	**fidelis**/e	treu	
☐	**flamma**, -ae	die Flamme, die Liebesglut	
☐	**foedus**, foederis n.	das Bündnis, der Bund	*Föderation (= Staatenbund)*
☐	**fulmen**, fulminis n.	der Blitz	*fulminant (= glänzend, ausgezeichnet)*
☐	**gratus**/a/um	1) angenehm, willkommen; 2) dankbar	
☐	**ignis**, ignis **m.**	das Feuer, die Liebesglut	
☐	**incendium**, -i	der Brand, Leidenschaft	

☐ **incéndere** 3, incendi, incensum (= accéndere 3)	anzünden, entfachen	*ital. accendere*
☐ **inflammare** 1	anzünden, entfachen	
☐ **iucundus**/a/um	angenehm	*vgl. gratus/a/um*
☐ **laetitia**, -ae	die Freude	*Letizia (span. Vorname)*
☐ **laetus**/a/um	fröhlich, froh	*ital. lieto*
☐ **libído**, libídinis f.	die Lust, die Begierde	*die Libído (= Sexualtrieb)*
☐ **lumen**, luminis n.	das Licht; das Auge	*illuminiert (= erhellt; betrunken)*
☐ **miles**, mílitis m.	(auch:) der Liebhaber	*Militär*
☐ **mollis**/e	weich; zärtlich	*mollig*
☐ **núbere** 3, nupsi (+ Dativ)	heiraten (von der Frau aus)	*nubo tibi = „ich heirate dich"*
☐ **osculum**, -i	der Kuss	*-ulum (Verkleinerung): „Mündchen"*
☐ **pudor**, pudóris m.	die Scham, das Schamgefühl	
☐ **puella**, -ae	(auch:) die Geliebte	
☐ **ridére** 2, risi, risum	lachen	*ital. ridere, frz. rire*
☐ **risus**, risus m.	das Lachen	
☐ **temptare** 1	1) berühren; 2) versuchen	*engl. temptation (= Verführung)*
☐ **tener**/era/erum	zärtlich	*engl. tender*
☐ **úrere** 3, ussi, ustum	anzünden, verbrennen	
☐ **venustus**/a/um	lieblich, anmutig, reizend	*vgl. Venus (die Liebesgöttin)*
☐ **voluptas**, voluptatis f.	das Vergnügen, die Lust	

5. Hass, Trauer, Leid

☐ **cinis**, cíneris m.	die Asche	*engl. Cinderella (= Aschenputtel)*
☐ **crudelis**/e	grausam	*engl. cruel*
☐ **crudelitas**, crudelitatis f.	die Grausamkeit	*-as, -atis (Eigenschaft)*
☐ **dolére** 2, dolui, –	Schmerz empfinden, bedauern	*↔ delere 2 (= zerstören)*
☐ **dolor**, dolóris m.	der Schmerz	*↔ dolus, -i (= List)*
☐ **flere** 2, flevi, fletum	weinen	*flennen*
☐ **improbus**/a/um	böse, schlimm	*vgl. probus (= gut)*
☐ **infélix**, infelícis	unglücklich	*in- (Gegenteil) + felix (glücklich)*
☐ **iniuria**, -ae	das Unrecht	
☐ **invidére** 2, -vidi (+ Dativ)	beneiden	*wörtl.: „(neidisch) hineinschauen"*
☐ **invidia**, -ae	der Neid	*-ia (Eigenschaft)*
☐ **ira**, -ae	der Zorn	
☐ **iratus**/a/um	zornig	
☐ **irasci** 3, iratus sum (D)	zürnen	
☐ **labor**, labóris m.	die Arbeit, die Mühe	*vgl. laborare (= arbeiten); Labor*
☐ **lacrima**, -ae	die Träne	*lacrimae Christi = „die Tränen Christi" (ital. Süßwein)*
☐ **laédere** 3, laesi, laesum	verletzen	*lädiert, Läsion (= Verletzung)*
☐ **maestus**/a/um	traurig	
☐ **malus**/a/um	böse; schlecht	
☐ **miser**/era/erum	traurig, elend, unglücklich	*miserabel, die Misere (= traurige Lage)*
☐ **morbus**, -i	die Krankheit	
☐ **mori** M, mortuus sum (D)	sterben	
☐ **mors**, mortis f.	der Tod	*die Mortalität (= Sterblichkeit)*
☐ **mortuus**/a/um	tot	

☐ **nocére** 2	schaden	
☐ **odi**, odisse (Perfekt!)	hassen (Präsens!)	*oderunt (Pf.) = „sie hassen" (Präsens)*
☐ **odium**, -i	der Hass	*odios (= verhasst, gehässig)*
☐ **pérdere** 3, perdidi, perditum	zugrunde richten	*per- + dare*
☐ **perire**, perii	zugrunde gehen	*per- + ire*
☐ **pessimus**/a/um	der schlechteste	*von: malus – peior – pessimus*
☐ **pestis**, pestis f.	das Unheil	*die Pest*
☐ **queri** 3, questus sum (D)	klagen	*der Querulant (= Nörgler)*
☐ **rumor**, rumóris m.	das Gerücht	*engl. rumour, ital. rumore*
☐ **tristis**/e	traurig	*trist*
☐ **vulnus**, vúlneris n.	die Wunde	*engl. vulnerable (= verletzlich)*
☐ **vulnerare** 1	verletzen	

6. Trinken und Essen

☐ **bibere** 3, bibi, -	trinken	
☐ **potare** 1	trinken	
☐ **potus**, potus m.	das Getränk	
☐ **poculum**, -i	der Becher	*der Pokal*
☐ **edere** 3, edi, -	essen	
☐ **cena**, -ae	die Mahlzeit	*ital. la cena*
☐ **cenare** 1	speisen	*ital. cenare (= essen)*
☐ **cibus**, -i	die Speise	*ital. cibo (= Nahrung, Speise)*
☐ **panis**, panis **m.**	das Brot	*ital. pane, frz. pain; die Panier*
☐ **cervisia**, -ae	das Bier	*span. cerveza*
☐ **vinum**, -i	der Wein	*In vino veritas. = „Im Wein (liegt) die Wahrheit."*
☐ **mensa**, -ae	der Tisch	*die Uni-Mensa (= Buffet)*
☐ **fames**, famis f.	der Hunger	*ital. la fame, frz. la faim*
☐ **sitis**, sitis f.	der Durst	*ital. la sete, frz. la soif*

7. Farben

☐ **color**, coloris m.	die Farbe	*engl. colour; kolorieren*
☐ **tingere** 3, tinxi, tinctum	färben	*die Tinktur (farbige Flüssigkeit)*
☐ **ater**/atra/atrum	schwarz	*das Atrium (= der Raum, in dem der Herd stand → schwarze Mauern)*
☐ **niger**/nigra/nigrum	schwarz	
☐ **candidus**/a/um	weiß	*der Kandidat (bewarb sich in der reinweißen Toga)*
☐ **ruber**/rubra/rubrum	rot	*rubinrot, der Rubin*
☐ **argenteus**/a/um	silbern	*chem. Zeichen für Silber: Ag*
☐ **aureus**/a/um	golden	*Domus Aurea („das goldenes Haus", Palast Neros in Rom)*
☐ **varius**/a/um	1) verschieden; 2) bunt	

8. Zeit

☐ **tempus**, témporis n.	die Zeit	*Temporalsatz*
☐ **aetas**, aetatis f.	1) die Zeit, das Zeitalter; 2) das Alter	*aetas ↔ aestas (Sommer)*
☐ **aevum**, -i	das Zeitalter	
☐ **spatium**, -i	der (Zeit-)Raum	*engl. space, ital. spazio*
☐ **ver**, veris **n.**	der Frühling	*ital. primavera*
☐ **aestas**, aestatis f.	der Sommer	*ital. estate*
☐ **autumnus**, -i	der Herbst	*engl. autumn, ital. autunno*
☐ **hiems**, hiemis f.	der Winter	
☐ **dies**, diei **m.**	der Tag	*engl. diary (= Tagebuch), Diät*
☐ **nox**, noctis f.	die Nacht	*ital. la notte, frz. la nuit*
☐ **mensis**, mensis **m.**	der Monat	*ital. il mese; Menstruation*
☐ **annus**, -i	das Jahr	*die Annalen (= Jahrbücher)*
☐ **saeculum**, -i	das Jahrhundert	*in saecula saeculorum (= für immer und ewig)*
☐ **otium**, -i	die Freizeit	*Mihi nullum otium est. = „Ich habe keine Freizeit."*
☐ **negotium**, -i	die Arbeit, die Beschäftigung	*ital. negozio (= Geschäft)*
☐ **initium**,-i	der Anfang, der Beginn	*die Initialen (= Anfangsbuchstaben), etwas initiieren (= beginnen)*
☐ **finis**, finis **m.**	das Ende	*das Finale (= Endspiel)*
☐ **aeternus**/a/um	ewig	*engl. eternal*
☐ **perpetuus**/a/um	ewig	*das Perpetuum mobile*
☐ **antiquus**/a/um	alt	*antik, Antiquitäten (= alte Kunstgegenstände)*
☐ **vetus**, veteris	alt	*der Veteran (= ehemaliger Soldat)*
☐ **novus**/a/um	neu	*die Novität (= Neuheit), re-novieren, die In-novation*
☐ **recens**, recentis	neu	*engl. recent(ly)*
☐ **hodie**	heute	*aus: hoc die (= an diesem Tag)*
☐ **cras**	morgen	*die Pro-krastination (= Bestreben, alles nach hinten zu verschieben)*
☐ **heri**	gestern	*ital. ieri*
☐ **mane**	in der Früh	*span. mañana (= morgen)*
☐ **meridie**	zu Mittag	*aus: medio die (= in der Mitte des Tages)*
☐ **nocte** (= noctu)	in der Nacht	*ital. notte, frz. nuit*

9. Natur

9.1 Erde und Bodenschätze

☐ **terra**, -ae	das Land; die Erde	*Terrarium, Par-terre, Territorium*
☐ **mundus**, -i	die Welt	*ital. mondo, frz. monde*
☐ **orbis**, orbis (terrarum) **m.**	die Welt	*wörtl.: „Kreis der Länder" (= Erdkreis, Welt)*
☐ **ager**, agri	der Acker, das Feld	*Agrarwirtschaft (= Landwirtschaft)*
☐ **campus**, -i	das Feld	*Camping*

☐ **silva**, -ae	der Wald	
☐ **arbor**, arboris **f.**	der Baum	*Bäume galten als weiblich, da in ihnen weibliche Gottheiten (Nymphen) vermutet wurden.*
☐ **frons**, frondis f.	das Laub	*↔ frons, frontis (= Stirn)*
☐ **ramus**, -i	der Ast	*ital. ramo*
☐ **pomum**, -i	die Frucht	*frz. pommes de terre (= Kartoffel)*

☐ **aurum**, -i	das Gold	*chem. Zeichen: Au*
☐ **aureus**/a/um	aus Gold, golden	
☐ **argentum**, -i	das Silber	*chem. Zeichen: Ag*
☐ **argenteus**/a/um	aus Silber, silbern	
☐ **aes**, aeris **n.**	das Kupfer, die Bronze	
☐ **ferrum**, -i	das Eisen	*chem. Zeichen: Fe*
☐ **ferreus**/a/um	aus Eisen	

9.2 Luft und Himmel

☐ **aër**, aëris (4.F. aëra) m.	die Luft	*engl. aeroplane*
☐ **aether**, aetheris (4.F. aethera) m.	die Luft	
☐ **aura**, -ae	die Luft	*eine Aura (= seelische Ausstrahlung) haben*
☐ **ventus**, -i	der Wind	*der Ventilator*
☐ **tempestas**, tempestatis f.	das Unwetter	*frz. tempête*
☐ **nubes**, nubis f.	die Wolke	*ital. nuvola*
☐ **caelum**, -i	der Himmel	*ital. cielo*
☐ **caelestis**/e	himmlisch	*ital. celeste*
☐ **lux**, lucis f.	das Licht	*ital. luce; Fiat lux! = „Es werde Licht!"*
☐ **lumen**, luminis n.	das Licht	*illuminieren (= erhellen)*
☐ **umbra**, -ae	der Schatten	*engl. umbrella (= Schirm)*
☐ **sol**, solis **m.**	die Sonne	*Solarium, Solaranlage*
☐ **luna**, -ae	der Mond	*engl. lunatic (= verrückt; eigtl.: mondsüchtig)*
☐ **stella**, -ae	der Stern	*Stella (Frauenname)*
☐ **sidus**, síderis n.	der Stern	
☐ **astrum**, -i	der Stern	*Per aspera ad astra. = „Durch Anstrengung zu den Sternen."*

9.3 Wasser

☐ **aqua**, -ae	das Wasser	*Aquädukt (= Wasserleitung), Aquarium*
☐ **flumen**, fluminis n.	der Fluss	*ital. fiume*
☐ **rivus**, -i	der Bach	*engl. river*
☐ **fons**, fontis **m.**	die Quelle	*Fontäne*
☐ **lacus**, lacus m.	der See	*engl. lake, ital. lago*
☐ **mare**, maris n.	das Meer	*Marine; ital. mare*
☐ **aequor**, aequoris **n.**	das Meer	*vgl. aequus/a/um (= „flach", „eben")*
☐ **altum**, -i n.	das Meer	*vgl. altus/a/um (= „hoch", „tief")*
☐ **pontus**, -i m.	das Meer	
☐ **unda**, -ae	1) die Welle; 2) das Wasser	*ital. onda*
☐ **fluctus**, fluctus m.	die Flut, die Woge	*Fluktuation (= Schwankung)*
☐ **ripa**, -ae	das Ufer	*engl. to arrive, frz. arriver (wörtl.: „ans Ufer anlegen")*
☐ **litus**, lítoris n.	die Küste	*ital. lido*
☐ **navis**, navis f.	das Schiff	*engl. navy (= Kriegsmarine)*
☐ **navigare** 1	mit dem Schiff fahren, segeln	
☐ **portus**, portus m.	der Hafen	*engl. airport (= Flughafen)*
☐ **velum**, -i	das Segel	
☐ **remus**, -i	das Ruder	
☐ **lavare** 1, lavi, lautum	waschen; (pass.: baden)	*Lavoir (= Waschbecken)*
☐ **frígidus**/a/um	kalt	*engl. fridge, ital. freddo*
☐ **cálidus**/a/um	warm	*ital. caldo*

9.4 Tiere

☐ **animal**, animalis n.	1) das Tier; 2) das Lebewesen	*engl. animal*
☐ **bestia**, -ae	das wilde Tier	*die Bestie*
☐ **agnus**, -i	das Lamm	*agnus Dei (= das Lamm Gottes)*
☐ **aper**, apri	der Eber	
☐ **áquila**, -ae	der Adler	*ital. aquila*
☐ **ásinus**, -i	der Esel	*ital. asino*
☐ **avis**, avis f.	der Vogel	
☐ **bos**, bovis m./f.	das Rind, der Ochse; die Kuh	*Quod licet Iovi, non licet bovi. = „Was dem Jupiter erlaubt ist, ist dem Rindvieh nicht erlaubt."*
☐ **canis**, canis m./f.	der Hund	*ital. cane, frz. chien; Cave canem! = „Hüte dich vor dem Hund!"*
☐ **caper**, capri	der Ziegenbock	*Capri (= „Ziegeninsel")*
☐ **capra**, caprae	die Ziege	*ital. capra*
☐ **cattus**, -i	die Katze	*ital. gatto*
☐ **cervus**, -i	der Hirsch	*ital. cervo*
☐ **columba**, -ae	die Taube	*ital. colomba*
☐ **corvus**, -i	der Rabe	*ital. corvino*
☐ **equus**, -i	das Pferd	*↔ eques, equitis (= Reiter)*
☐ **leo**, leonis **m.**	der Löwe	*ital. leone*
☐ **lupus**, -i	der Wolf	*ital. lupo*
☐ **mus**, muris m.	die Maus	
☐ **passer**, pásseris m.	der Sperling, der Spatz	*ital. passero*
☐ **penna**, -ae	die Feder	*engl. pen*

☐	**piscis**, piscis m.	der Fisch	*ital. piscina / frz. piscine (= Schwimmbecken)*
☐	**rana**, -ae	der Frosch	*ital. rana*
☐	**simia**, -ae	der Affe	
☐	**sus**, suis m./f.	das Schwein	
☐	**taurus**, -i	der Stier	*der Torero (= Stierkämpfer)*
☐	**ursus**, -i	der Bär	
☐	**vacca**, -ae	die Kuh	*ital. vacca, frz. vache*
☐	**vulpes**, vulpis f.	der Fuchs	*ital. volpe*

10. Religion, Götter, Schicksal

☐	**ara**, -ae	der Altar	*Ara Pacis (= der Friedensaltar des Augustus in Rom)*
☐	**caelum**, -i	der Himmel	*ital. cielo, frz. ciel*
☐	**caelestis**/e	himmlisch	*ital. celeste*
☐	**caelestes**, caelestium m. (Pl.)	die Himmlischen (= die Götter)	
☐	**casus**, casus m.	1) der Fall; 2) der Zufall; 3) der Unglücksfall	*vgl. cadere 3 (= fallen)*
☐	**diva**, -ae (= dea, -ae)	die Göttin	*die Operndiva (= umjubelte Sängerin)*
☐	**divus**, -i (= deus, -i)	der Gott	*Divus Augustus (= der vergöttlichte Augustus)*
☐	**divinus**/a/um	göttlich	*engl. divine*
☐	**fas est / nefas est**	es ist Recht / Unrecht	
☐	**fatum**, -i	das (von den Göttern bestimmte) Schicksal	*fatal (= schicksalhaft)*
☐	**fortuna**, -ae	1) das (launische) Schicksal; 2) das Glück	*engl. fortune; Fortuna (Glücksgöttin mit Füllhorn)*
☐	**numen**, núminis n.	1) der göttliche Wille, 2) die Gottheit	*↔ nomen (= Name), abgeleitet vom majestätischen Nicken (= núere) Gottes*
☐	**omnipotens**, omnipotentis	allmächtig	*omnis (= ganz) + potens (= mächtig)*
☐	**orare** 1	beten, bitten	*Ora et labora. = „Bete und arbeite." (Motto der Benediktiner)*
☐	**religio**, religionis f.	1) die Frömmigkeit; 2) der religiöse Brauch	
☐	**superi**, superorum m. (Pl.)	die Götter	*wörtl.: „die Oberen"*
☐	**templum**, -i	der Tempel	
☐	**vates**, vatis m./f.	der/die Weissager/in	
☐	**votum**, -i	1) das Gebet; 2) der Wunsch	*das Votum (= Stimmabgabe, Wählerwunsch)*

11. Götternamen

Lateinisch	Griechisch	Zuständigkeit
Amor, Amoris = **Cupído**, Cupidinis m.	Eros	Liebe
Apollo, Apollinis m.	Apollo	Weissagekunst
Bacchus, Bacchi m.	Dionysos	Wein
Ceres, Céreris f.	Demeter	Ackerbau
Diana, Dianae f.	Artemis	Jagd
Iuno, Iunonis f.	Hera	Ehe
Iuppiter, Iovis m.	Zeus	Göttervater
Mars, Martis m.	Ares	Krieg
Mercurius, Mercurii m.	Hermes	Handel; Götterbote
Minerva, Minervae f.	Pallas Athene	Weisheit
Neptunus, Neptuni m.	Poseidon	Meer
Pluto, Plutonis m.	Hades	Unterwelt
Venus, Véneris f.	Aphrodite	Liebe
Vesta, Vestae f.	Hestia	Herdfeuer
Vulcanus, Vulcani m.	Hephaistos	Schmiedekunst

12. Politik, Staat, Rhetorik

☐	**actio**, actionis f.	die Gerichtsrede	*-tio (Tätigkeit)*
☐	**ambitio**, ambitionis f.	der Ehrgeiz	*ambitioniert (= ehrgeizig)*
☐	**audacia**, -ae	die Kühnheit, die Frechheit	*vgl. audere 2 (= wagen)*
☐	**avaritia**, -ae	die Habgier, die Gier	
☐	**Caesar**, Caésaris m.	1) Cäsar; 2) der Kaiser	
☐	**causa**, -ae	1) der Grund; 2) die Angelegenheit; 3) der Prozess	*eine knifflige Causa (= Angelegenheit)*
☐	**concilium**, -i	die Versammlung	*das Konzil (= Versammlung der Kardinäle)*
☐	**consilium**, -i	1) der Rat; 2) der Plan; 3) der Beschluss	*vgl. consilium capere (= einen Beschluss fassen)*
☐	**concordia**, -ae	die Eintracht	*con- (= zusammen) + cor (= Herz) + -ia (Eigenschaft)*
☐	**discordia**, -ae	die Zwietracht	*dis- (auseinander) + cor (Herz)*
☐	**communis/e**	gemeinsam; allgemein	*engl. common; die Kommune, Kommunismus*
☐	**coniuratio**, coniurationis f.	die Verschwörung	*con- (zusammen-) + iurare (= schwören) + -tio (Tätigkeit)*
☐	**coniurator**, coniuratoris m.	der Verschwörer	*-tor (Ausführender, Täter)*
☐	**consulere** 3, consului, -	um Rat fragen, befragen	
☐	**consul**, cónsulis m.	der Konsul	
☐	**consulatus**, consulatus m.	das Konsulat	
☐	**crimen**, criminis n.	das Verbrechen	*engl. crime*

☐ **cupiditas**, cupiditatis f.	die Gier	*cupiditas pecuniae = „die Geldgier"*
☐ **cupído**, cupídinis f.	die Begierde, die Gier	
☐ **cupidus**/a/um	gierig (nach)	*vgl. cúpere (= wünschen, begehren)*
☐ **custodia**, -ae	die Bewachung	*vgl. custos (= Wächter)*
☐ **decernere** 3, decrevi, decretum	beschließen	*das Dekret (= schriftlicher Beschluss)*
☐ **domi militiaeque**	im Krieg und im Frieden	
☐ **dominatio**, dominationis f.	die (Gewalt-)Herrschaft	*dominieren (= beherrschen), Dominanz*
☐ **eques**, equitis m.	der Ritter (sozialer Stand)	*↔ equus (= Pferd)*
☐ **evenire** 4 = accidere 3	geschehen, passieren	*e- (= heraus) + venire (= kommen); das Event*
☐ **existumare** (= existimare) 1	glauben	*= putare*
☐ **exitium**, -i	der Untergang	*ex- (= hinaus) + ire (gehen)*
☐ **facinus**, facínoris n.	1) die Tat; 2) die Untat	*vgl. facere (= tun)*
☐ **factio**, factionis f.	die Partei	
☐ **factum**, -i	die Tat	*die Fakten (= Tatsachen)*
☐ **fama**, -ae	1) der (gute) Ruf; 2) das Gerücht	*engl. famous (= berühmt)*
☐ **flagitium**, -i	die Schandtat, das Verbrechen	
☐ **foedus**, foederis n.	das Bündnis, der Vertrag	*Föderation (= Staatenbündnis)*
☐ **furor**, furoris m.	die Raserei, das Toben	*die Furie (= Tobende)*
☐ **gens**, gentis f.	1) der Volksstamm, das Volk; 2) die Sippe, die Familie	*ital. la gente (= die Leute), frz. les gens*
☐ **imperare** 1	befehlen, herrschen	*Imperativ (= Befehlsform)*
☐ **imperium**, -i	1) die Herrschaft; 2) das (Welt-)Reich	*Imperialismus (= Bestreben, die eigene Herrschaft auszudehnen)*
☐ **imperator**, imperatoris m.	1) der Feldherr; 2) der Kaiser	*-tor (Täter, Ausführender)*
☐ **inopia**, -ae	der Mangel	
☐ **invidia**, -ae	der Neid	
☐ **libído** (= lubido), libidinis f.	die Lust, die Begierde	*die Libído (= Sexualtrieb)*
☐ **luxuria**, -ae	die Genusssucht, die Gier nach Luxus	*luxuriös*
☐ **magistratus**, magistratus m.	1) der Beamte; 2) das Amt	*der Magistrat (Verwaltungsbehörde)*
☐ **memoria**, -ae	das Gedächtnis; die Erinnerung	*in memoriam patris = „zu Ehren des Vaters"*
☐ **mortales**, mortalium m. (Pl.)	die Sterblichen (= die Menschen)	*↔ immortales (= die Unsterblichen, die Götter)*
☐ **negotium**, -i	die Arbeit, die Beschäftigung	*ne(g)- (Verneinung) + otium (= Freizeit, Muße)*
☐ **nobiles**, nobilium m. (Pl.)	die Adeligen	*vgl. nobilis/e (= adelig, vornehm)*
☐ **nobilitas**, nobilitatis f.	der Adel	*-as, -atis (Eigenschaft)*
☐ **optimates**, optimatium m. (Pl.)	die Optimaten (Adelspartei)	*wörtl.: „die Besten"*
☐ **orator**, oratoris m.	der Redner	*-tor (Täter, Ausführender)*
☐ **oratio**, orationis f.	die Rede	*-tio (Handlung, Tätigkeit)*
☐ **patria**, -ae	die Heimat	*Ubi bene, ibi patria. = „Wo es mir gut geht, ist die Heimat."*
☐ **patrius**/a/um	heimatlich; väterlich	
☐ **patres conscripti** (= patres) m. (Pl.)	die Senatoren	*eigentl.: die Väter (= Patrizier) und die (in die Listen) Hinzugeschriebenen (= Ritter)*
☐ **plebs**, plebis f.	die Plebs (= das niedrige Volk)	*plebejisch*

☐ **populares**, popularium m. (Pl.)	die Popularen (Volkspartei)	↔ *optimates (= Adelspartei); vgl. populus (= Volk)*
☐ **potentia**, -ae	die Macht (negativ!)	*vgl. potens (= mächtig)*
☐ **potestas**, potestatis f.	die Macht; die Amtsgewalt	*vgl. posse/potest (= können)*
☐ **praesidium**, -i	1) die Wache; 2) der Schutz	*das Polizeipräsidium*
☐ **praetor**, praetoris m.	1) der Prätor (Beamter); 2) der Statthalter	*(zuständig für die Rechtsprechung)*
☐ **princeps**, príncipis m.	(„Erster":) 1) der Führer; 2) der Kaiser, der Prinzeps	*das Prinzip (= Grundsatz); der Prinz (= Erster in der Erbfolge)*
☐ **principatus**, principatus m.	der Prinzipat	*röm. Staatsform mit Senat und einem Kaiser (= Prinzeps) an der Spitze*
☐ **quaestor**, quaestoris m.	der Quästor	*(röm. Finanzbeamter)*
☐ **regnare** 1	herrschen, regieren	*engl. to reign*
☐ **regere** 3, rexi, rectum	lenken, leiten	*di-rigieren, Di-rektor*
☐ **res gestae**, rerum gestarum f. (Pl.)	die Taten	*vgl. gerere (= ausführen)*
☐ **rhetor**, rhetoris m.	der Redner	*die Rhetorik (= Redekunst)*
☐ **scelus**, sceleris n.	das Verbrechen	
☐ **senator**, senatoris m.	der Senator	*-tor (Ausführender, Täter)*
☐ **senatus**, senatus m.	der Senat („Ältestenrat")	*vgl. senex (= alter Mann)*
☐ **sententia**, -ae	die Meinung	
☐ **servitudo**, servitudinis f.	die Knechtschaft, die Sklaverei	*-tudo (Eigenschaft)*
☐ **servitium**, -i	die Knechtschaft, die Sklaverei	*vgl. servus, -i (= Sklave)*
☐ **socius**, -i	1) der Gefährte; 2) der Verbündete	*sozial, Sozialismus*
☐ **status**, status m.	die Lage, der Zustand	*der Status (= momentaner Zustand)*
☐ **supplicium**, -i	die Strafe, die Todesstrafe	
☐ **telum**, -i	die Waffe, das Geschoß	
☐ **usus**, usus m.	1) der Gebrauch; 2) der Nutzen	*Hoc mihi usui est. = „Das nützt mir." (wörtl.: ist mir zum Nutzen)*
☐ **vetus**, veteris (2. F.)	alt	*der Veteran (= ehemaliger Soldat)*
☐ **voluptas**, voluptatis f.	die Begierde	*-as, -atis (Zustand)*
☐ **vulgus**, -i **n.** (= volgus)	das (niedrige) Volk, der Pöbel	*vulgär (= gewöhnlich, ordinär)*

13. Krieg und Kampf

☐ **bellum**, -i	der Krieg	*bellum gerere = „Krieg führen"*
☐ **bellare** 1	Krieg führen	
☐ **hostis**, hostis **m.**	der Feind	*engl. hostile (= feindlich)*
☐ **adversarius**, -i	der Gegner	*vgl. adversus (+ Akk.) = „gegen"*
☐ **exercitus**, exercitus m.	das Heer	*vgl. exercere 2 (= üben, trainieren)*
☐ **miles**, militis m.	der Soldat	*das Militär*
☐ **eques**, equitis m.	der Reiter	↔ *equus (= Pferd)*
☐ **arma**, -orum (Pl.)	die Waffe(n)	*engl. arms, army*
☐ **armare** 1	bewaffnen	
☐ **ensis**, ensis **m.**	das Schwert	
☐ **gladius**, -i	das Schwert	*Gladiator (= Schwertkämpfer)*
☐ **proelium**, -i	die Schlacht	
☐ **pugna**, -ae	der Kampf	

□ **pugnare** 1	kämpfen	
□ **oppugnare** 1	belagern	
□ **expugnare** 1	erobern	
□ **occupare** 1	besetzen	*okkupieren; engl. to occupy*
□ **prémere** 3, pressi, pressum	bedrängen; drücken	
□ **opprímere** 3, oppressi, oppressum	bedrängen, überwältigen	
□ **obses**, óbsidis m.	die Geisel	

□ **timor**, timóris m.	die Furcht	
□ **timére** 2, -ui (+ ne)	sich fürchten (dass)	
□ **metus**, metus m.	die Furcht	
□ **metúere** 3, -ui (+ ne)	sich fürchten (dass)	

□ **caedes**, caedis f.	der Mord, das Blutbad	
□ **caedere** 3, cecídi, caesus	töten	*↔ cadere 3, cécidi (= fallen)*
□ **occídere** 3, occídi, occísum	töten	
□ **nex**, necis f.	der Tod	*vgl. necare (= töten)*
□ **necare** 1	töten	
□ **mors**, mortis f.	der Tod	*↔ mos, moris (= Sitte, Brauch)*
□ **mori** M, mortuus sum (D)	sterben	*vgl. mortuus (= tot), mors (= der Tod)*

□ **sanguis**, sanguinis **m.**	das Blut	
□ **cruor**, cruoris m.	das Blut	

14. Philosophie

□ **aeternus/a/um**	ewig	*engl. eternal*
□ **aequus/a/um**	1) gleich; 2) gerecht	*engl. equal*
□ **affirmare** 1	behaupten	
□ **ait / aiunt**	er (sie) sagt / sie sagen	*vgl. inquit*
□ **anima**, -ae	die Seele	
□ **animal**, animalis n.	1) das Lebewesen; 2) das Tier	*engl. animal*
□ **animus**, -i	der Geist, der Sinn, die Gesinnung	
□ **appétere** 3, appetivi, appetitum	anstreben, begehren	*Appetit*
□ **Athenae**, -arum (Pl.)	Athen	*Athenis = „in Athen"* *Athenas = „nach Athen"*

** Hier wohnt Diogenes.*

☐ **atomus**, -i f.	das Atom	
☐ **beatus**/a/um	glücklich	
☐ **beatitudo**, beatitudinis f.	das Glücklichsein	*-tudo (Eigenschaft)*
☐ **bonum**, -i	das Gut, das Gute	
☐ **casus**, casus m.	1) der Fall, 2) der Zufall, 3) der Unglücksfall, das Unglück	*von cadere 3 (= fallen)*
☐ **cognitio**, cognitionis f.	die Erkenntnis	*vgl. cognoscere 3 (= erkennen)*
☐ **confiteri** 2, confessus sum (D)	zugeben, gestehen	
☐ **consequi** 3, consecutus sum (+ Akk.) (D)	folgen	*Consecutio temporum (= Zeitenfolge)*
☐ **contentus**/a/um (+ Abl.)	zufrieden (mit)	
☐ **dictum**, -i	das Wort	*wörtl.: „das Gesagte"*
☐ **disputare** 1	erörtern, diskutieren	
☐ **disputatio**, disputationis f.	die Erörterung, die Diskussion	*der Disput (= das Streitgespräch)*
☐ **efficere** M, effeci, effectum	bewirken	*effizient, Effekt (= Auswirkung)*
☐ **error**, erroris m.	der Irrtum	*engl. error*
☐ **existimare** 1	glauben	*= putare*
☐ **exemplum**, -i	das Beispiel, das Vorbild	*engl. example*
☐ **fatum**, -i	das Schicksal	*fatal (= schicksalhaft)*
☐ **Graecia**, -ae	Griechenland	*engl. Greece*
☐ **Graeci**, -orum (Pl.)	die Griechen	*engl. the Greek*
☐ **Graecus**/a/um	griechisch	*engl. Greek*
☐ **honestas**, honestatis f.	die Anständigkeit	*-as, -atis (Eigenschaft)*
☐ **honestus**/a/um	anständig, ehrenhaft	*engl. honest*
☐ **introducere** 3, -duxi, -ductum	einführen	*intro- (hinein) + ducere (führen)*
☐ **iniustus**/a/um	ungerecht	*in- (Verneinung, un-) + iustus (gerecht)*
☐ **institúere** 3, institui, institutum	aufstellen, einführen	*Institut (= Einrichtung)*
☐ **inesse**, infui	enthalten sein	*in- (drinnen) + esse (sein)*
☐ **malum**, -i	das Übel, das Schlechte	*vgl. malus/a/um (= schlecht)*
☐ **mundus**, -i	die Welt	*ital. mondo, frz. monde*
☐ **necessarius**/a/um	notwendig	*engl. necessary*
☐ **necessitas**, necessitatis f.	die Notwendigkeit	*engl. necessity; -tas (Eigenschaft)*
☐ **negotium**, -i	die Arbeit, die Beschäftigung	*neg- (Verneinung) + otium (Muße)*
☐ **nominare** 1	nennen	*= appellare, dicere, vocare*
☐ **opinio**, opinionis f.	die Meinung	*engl. opinion*
☐ **ordo**, ordinis **m.**	die Ordnung	
☐ **otium**, -i	die Freizeit, die Muße	*vgl. neg-otium (= Arbeit, Beschäftigung)*
☐ **perfectus**/a/um	vollkommen, vollendet	*engl. perfect*
☐ **philosóphia**, -ae	die Philosophie	*(griech.: „die Liebe zur Weisheit")*
☐ **philósophus**, -i	der Philosoph	*Si tacuisses, philosophus mansisses. = „Hättest du geschwiegen, wärest du ein Philosoph geblieben."*
☐ **quies**, quietis f.	die Ruhe	*engl. quiet*
☐ **reperire** 4, répperi, repertum	finden, herausfinden	*= invenire*
☐ **sapiens**, sapientis (2. F.)	weise, klug	*Homo sapiens*
☐ **sapientia**, -ae	die Weisheit	*-ia (Eigenschaft)*
☐ **sermo**, -onis **m.**	das Gespräch	*einen Sermon halten (= lang reden)*
☐ **sidus**, sideris n.	der Stern, das Gestirn	

☐ **societas**, societatis f.	die Gemeinschaft	*engl. High Society*
☐ **solacium**, -i	der Trost	
☐ **suscípere** M, sucepi, susceptum	auf sich nehmen	*sub- (darunter) + capere (nehmen)*
☐ **sustinére** 2	ertragen	*sub- (darunter) + tenere (tragen)*
☐ **utilis/e**	nützlich	*vgl. uti 3 (= benützen)*
☐ **utilitas**, utilitatis f.	der Nutzen	*engl. utility*
☐ **virtus**, virtutis f.	die Tugend	*-tus (Eigenschaft)*
☐ **vitium**, -i	der Fehler, das Laster	*↔ vita, -ae (Leben)*
☐ **vocare** 1	rufen; (+ dopp. Akk.) nennen	*= appellare, dicere, nominare*
☐ **voluptas**, voluptatis f.	die Lust, das Vergnügen	*-tas (Eigenschaft)*

15. Religion, Kirche, Bibel

☐ **abbas**, abbatis m.	der Abt	*engl. abbey (= Abtei, Kloster)*
☐ **ancilla**, -ae	die Magd	
☐ **ángelus**, -i	der Engel	*engl. angel. ital. angelo*
☐ **anima**, -ae	die Seele	*↔ animus,-i: „Geist"*
☐ **apostolus**, -i	der Apostel	
☐ **basilica**, -ae	die Kirche	
☐ **beatus/a/um**	(auch:) heilig	*beatus Petrus = der heilige Petrus*
☐ **caritas**, caritatis f.	die Liebe, die Nächstenliebe	*die Caritas (kirchliche Hilfsorganisation)*
☐ **Christiani**, -orum m. (Pl.)	die Christen	
☐ **Christianus/a/um**	christlich	*fides Christiana = „der christliche Glaube"*
☐ **Christus**, -i	Christus	
☐ **confirmare** 1 = firmare 1	bestärken	*con- (Verstärkung) + firmare (stärken)*
☐ **confiteri** 2, confessus sum (D)	bekennen, gestehen	
☐ **conventus**, conventus m.	die Gemeinschaft	*con- (= zusammen) + venire (kommen)*
☐ **cor**, cordis n. (Pl.: corda)	das Herz	*frz. coeur, ital. cuore*
☐ **corona**, -ae	1) die Krone; 2) der Kranz	
☐ **culpa**, -ae	die Schuld	
☐ **Deus**, Dei	Gott (der Christen)	
☐ **discipulus**, -i	(auch:) der Apostel	
☐ **Dominus**, -i	der Herr (= Christus)	*Domine, quo vadis? = „Herr, wohin gehst du?"*
☐ **ecclesia**, -ae	die Kirche	*frz. eglise, ital. ecclesia*
☐ **episcopus**, -i	der Bischof	*ital. vescovo*
☐ **famulus**, -i	der Diener	*famulieren (ein unbezahltes Studien-Praktikum machen)*
☐ **fides**, fidei f.	(die Treue); auch: der Glaube	*fides Christiana = „der christliche Glaube"*
☐ **fidelis/e**	(treu); auch: gläubig	
☐ **frater**, fratris m.	der Mönch	
☐ **gratia**, -ae	(der Dank); auch: die Gnade	
☐ **Iesus**, Iesu m.	Jesus	
☐ **immortalis/e**	unsterblich	*in/im- (Gegenteil) + mortalis (sterblich)*
☐ **manducare** 1	essen	
☐ **memento!**	erinnere dich!	*Memento mori! = „Erinnere dich, dass du sterben musst."*
☐ **miser**/era/erum	arm, traurig, elend	*miserabel*
☐ **miserabilis/e**	beklagenswert	*-bilis (Fähigkeit)*

☐ **misericordia**, -ae	das Mitleid	*-ia (Eigenschaft)*
☐ **misericors**, -cordis (2. F.)	mitleidig	
☐ **monachus**, -i	der Mönch	*engl. monk*
☐ **monasterium**, -i	das Kloster	*engl. monastery*
☐ **mortalis**/e	sterblich	
☐ **mortales**, mortalium m. (Pl.)	(die Sterblichen =) die Menschen	
☐ **oratio**, orationis f.	(die Rede); auch: das Gebet	*-tio (Tätigkeit)*
☐ **ordo**, ordinis **m.**	1) der Orden; 2) die Ordnung, der Rang	*OSB = Ordo Sancti Benedicti (Kürzel für die Benediktiner)*
☐ orare 1	beten; bitten	*Ora et labora! = „Bete und arbeite!" (Motto der Benediktiner)*
☐ **papa**, -ae **m.**	der Papst	*Habemus papam! = „Wir haben einen Papst!" (Ausruf nach der Papstwahl)*

☐ **pater**, patris m.	der Abt	
☐ **peccare** 1	sündigen	
☐ **peccatum**, -i	die Sünde	
☐ **pietas**, pietatis f.	die Frömmigkeit	*ital. pietá*
☐ **pius**/a/um	fromm	*Pia = „die Fromme"*
☐ **pontifex** (-icis) **maximus** m.	der Papst	*pontifex = „Brückenbauer"*
☐ **purus**/a/um	rein	*pur, puristisch (= ganz schlicht)*
☐ **sacer**, sacra, sacrum	heilig; geweiht	*die Sakristei*
☐ **sacerdos**, sacerdotis m.	der Priester	
☐ **salvator**, salvatoris m.	der Retter	*-tor (Täter, Ausführender)*
☐ **sanctus**/a/um	heilig	*sanctus Paulus = der heilige Paulus*
☐ **sapientia**, -ae	die Weisheit	*-ia (Eigenschaft)*
☐ **silentium**, -i	die Stille	*engl. silent; ital. silenzio*
☐ **Spiritus** (-us) **Sanctus** m.	der heilige Geist	
☐ **votum**, -i	1) das Gelübde; 2) der Wunsch	*ex voto = „gemäß einem Gelübde"*

VOKABEL-CHECKS ZUM GRUNDWORTSCHATZ

Vokabel-Check zu den Lektionen 1–5

A) Eine Frage der Definition

Suche aus den Lektionen 1 bis 5 die zu den Definitionen passenden Vokabel heraus!

1. Das macht uns allen noch mehr Spaß als die Schule: ____________________
2. Mittlerweile als Waffe etwas aus der Mode gekommen: ____________________
3. Das Gegenteil von *post*: ____________________
4. Auch ein Fußballmatch zählt heute (meistens) dazu: ____________________
5. Das Alternativwort zu *et*: ____________________
6. Das Gegenteil zu *laetus*: ____________________
7. Wenn der *magister interrogat*, tut der *discipulus* bzw. die *discipula* (hoffentlich) Folgendes: ____________________
8. Das Wort bedeutet dasselbe wie *etiam*: ____________________
9. Sie hatten im Alten Rom das Sagen: ____________________
10. Das tut der *magister* am Beginn jeder Stunde: ____________________
11. Keine Klosterschwester, sondern ein lat. Fragewort: ____________________
12. Wir schauen's gerne, tatsächlich heißt das Wort aber „ich sehe": ____________________

B) Wer die Wahl hat, hat die Qual!

Welche der angegebenen Übersetzungen ist die richtige?

1. *iam*: schon / auch / so
2. *quis*: was / weil / wer
3. *fröhlich*: gaudet / laetus / ridet
4. *oft*: semper / saepe / tum
5. *Romam*: Rom / römisch / die Römer
6. *vos*: euch / uns / wir
7. *in aquam*: im Wasser / ins Wasser / unter Wasser
8. *alia*: der andere / die Fremde / die andere

C) Buchstabensalat

Bringe der Buchstabensalat in die richtige Reihenfolge! Sicherheitshalber ist in der letzten Spalte die richtige Übersetzung angegeben.

Buchstabensalat	richtiges lat. Wort	Übersetzung
uqnee		und nicht
moiscuvb		mit euch
emnnot		sie mahnen
scoolu		die Augen
ummnaoorr		der Römer
ctteeald		es erfreut
sumareporp		wir eilen
lupsiicsid		den Schülerinnen

Vokabel-Check zu den Lektionen 6–10

A) Eine Frage der Definition!

Suche aus den Lektionen 6 bis 10 die zu den Definitionen passenden Vokabel heraus! Gib auch immer die deutsche Übersetzung des Lösungswortes an!

1. Das Gegenteil von *magnus*: parvus
2. Ein anderes Wort für *sed*: autem
3. Der Vertreter des Papstes in einem fremden Land heißt: ____________
4. „Der Name ist Vorzeichen" heißt lateinisch: ____________
5. Sie ist die Gattin des Jupiter: ____________
6. Das Nomen zu *timere* heißt: ____________
7. Das Nomen zu *clamare* heißt: ____________
8. Dieses lateinische Adjektiv steckt im Wort „Null": ____________
9. *Quattuor et duo sunt*: ____________
10. Nach einer Reise kehrt man dorthin zurück: ____________
11. *Unum et duo sunt*: ____________
12. Sie waren für die römischen Legionäre überlebenswichtig: ____________

B) Wer die Wahl hat, hat die Qual

Welche der angegebenen Übersetzungen ist die richtige?

1. *paret*:	a) ☐ er gehorcht	b) ☐ er bereitet vor	c) ☐ er erwirbt
2. *subito*:	a) ☐ sofort	b) ☐ plötzlich	c) ☐ denn
3. *domi*:	a) ☐ das Haus	b) ☐ nach Hause	c) ☐ zu Hause
4. *habito*:	a) ☐ ich bewohne	b) ☐ plötzlich	c) ☐ ich habe
5. *auditis*:	a) ☐ ihr hört	b) ☐ ihr wagt	c) ☐ du hörst
6. *tamen*:	a) ☐ so	b) ☐ damals	c) ☐ dennoch
7. *oppidi*:	a) ☐ die Städte	b) ☐ der Stadt	c) ☐ der Städte
8. *filiarum*:	a) ☐ der Töchter	b) ☐ der Tochter	c) ☐ der Söhne

C) Buchstabensalat

Bringe den Buchstabensalat in die richtige Reihenfolge! Zur Sicherheit ist in der letzten Spalte die Übersetzung angegeben.

Buchstabensalat	richtiges lat. Wort	Übersetzung
tgufi		er flieht
isicpo		den Truppen
ordmitis		ihr schlaft
cotendisnit		ihr eilt
eexntpull		sie vertreiben
ctituunosnt		sie beschließen
eccipaer		aufzunehmen
esmpierotar		die Feldherren

Vokabel-Check zu den Lektionen 11–15

A) Verba über Verba

Ordne den deutschen Bedeutungen in der rechten Spalte die entsprechenden lateinischen Wörter aus der linken Spalte zu. Achtung: Zwei deutsche Übersetzungen sind zu viel!

1. *tangere*	8. *cadere*	_____ einladen	_____ zurückgeben
2. *ludere*	9. *reddere*	_____ berühren	_____ erkennen
3. *debere*	10. *punire*	_____ suchen	_____ singen
4. *invenire*	11. *canere*	_____ wünschen	_____ bestrafen
5. *quaerere*	12. *intellegere*	_____ schreien	_____ spielen
6. *cupere*	13. *stare*	_____ müssen	_____ stehen
7. *petere*	14. *invitare*	_____ finden	_____ bitten
		_____ fallen	_____ trinken

B) Kleine Wörter – große Sorgen

Je kürzer die Wörter, desto länger dauert's, bis man sie beherrscht. Aus jeder der fünf Lektionen sind drei besonders leicht zu verwechselnde Vokabel ausgewählt. Beherrschst du sie schon alle?

Lec. 11:	*eius – idem – primo*	
Lec .12:	*ac – nihil nisi – atque*	
Lec. 13:	*denique – opus – res*	
Lec. 14:	*cum – quidam – vis*	
Lec. 15:	*ille – olim – ipse*	

C) Gegensätze ziehen sich an

Finde zu den Begriffen in der Tabelle aus den angegebenen Wörtern jeweils die Gegenbegriffe (lateinisch + deutsch)!

pax – sitis – quaerere – dolere – stare – mors – dies

lateinisch	deutsch	lat. Gegenbegriff	dt. Gegenbegriff
fames			
sedere			
invenire			
gaudere			
vita			
nox			
bellum			

Vokabel-Check zu den Lektionen 16–20

A) Quickcheck

Aus jeder der letzten fünf Lektionen haben wir wieder drei besonders knifflige Vokabel ausgewählt. Was bedeuten sie?

Lec. 16:	*celer – brevis – atrox*	
Lec. 17:	*ire – ferre – fere*	
Lec. 18:	*at – aut – acer*	
Lec. 19:	*quidem – facilis – lex*	
Lec. 20:	*finis – fines – enim*	

B) Wer die Wahl hat, hat die Qual

Welche der drei angegebenen Bedeutungen ist die richtige?

1. *fortis* a) ☐ laut b) ☐ stark c) ☐ tapfer
2. *ager* a) ☐ Feld b) ☐ tun c) ☐ Gebiete
3. *cogere* a) ☐ sammeln b) ☐ tun c) ☐ zusammenrufen
4. *litterae* a) ☐ Brief b) ☐ Buchstabe c) ☐ Abfall
5. *omnis* a) ☐ alles b) ☐ alle c) ☐ jeder
6. *concilium* a) ☐ Versammlung b) ☐ Plan c) ☐ Rat
7. *civitas* a) ☐ Bürger b) ☐ Stamm c) ☐ Alter
8. *mos* a) ☐ bald b) ☐ Sitte c) ☐ Tod

C) Gegensätze ziehen sich an

Bilde aus den folgenden Wörtern sechs Gegensatzpaare und übersetze sie auch!

prudens – pauci – facilis – brevis – docere – ante – discere – post – longus – difficilis – stultus – multi

lateinisch	deutsch	lat. Gegenbegriff	dt. Gegenbegriff

D) Setze die gesuchten lateinischen Vokabel ein und übersetze sie auch!

1. Das ist der Superlativ zu *multi*: ______
2. Ein anderes Wort für *nam*: ______
3. Wer Richterin/Richter oder Anwältin/Anwalt werden will, muss es studieren: ______
4. Es ist auf vielen Berggipfeln zu finden: ______
5. Man bleibt nicht ewig *adulescens*, sondern wird danach ein ______
6. Ein Synonym zu *femina*: ______

Vokabel-Check zu den Lektionen 21–25

A) Quickcheck

Aus jeder der letzten fünf Lektionen findest du hier wieder jeweils drei besonders wichtige Vokabel. Was bedeuten sie?

Lec. 21:	*iudicare – certare – decernere*	
Lec. 22:	*tenere – magis – trahere*	
Lec. 23:	*intra – aperire – etsi*	
Lec. 24:	*usus – orare – inde*	
Lec. 25:	*vero – forte – postulare*	

B) Wer die Wahl hat, hat die Qual

Welche der drei angegebenen Bedeutungen ist die richtige?

1. *praeter*	a) ☐ wegen	b) ☐ außerdem	c) ☐ außer
2. *quia*	a) ☐ welcher	b) ☐ wer	c) ☐ weil
3. *apparere*	a) ☐ erscheinen	b) ☐ öffnen	c) ☐ vorbereiten
4. *universi*	a) ☐ alle	b) ☐ wenige	c) ☐ viele
5. *verus*	a) ☐ aber	b) ☐ Wahrheit	c) ☐ wahr
6. *dives*	a) ☐ Gott	b) ☐ reich	c) ☐ Reichtum
7. *tandem*	a) ☐ dennoch	b) ☐ schließlich	c) ☐ Fahrrad

C) Ein Grundwort – viele Komposita

Was bedeuten die folgenden (Wort-)Familienmitglieder?

ire	„gehen"
adire	
exire	
inire	
redire	
interire (!)	

venire	„kommen"
advenire	
circumvenire	
invenire (!)	
convenire	
pervenire	

D) Entwirre den Buchstabensalat!

Kaum zu glauben, dass sich hinter dem Buchstabengewirr jeweils ein lateinisches Wort verbirgt … Sicherheitshalber findest du in der dritten Spalte die deutsche Übersetzung!

Buchstabensalat	richtiges lat. Wort	dt. Übersetzung
aurimst		Ehemann
retraeh		ziehen
riaerpe		öffnen
eavref		begünstigen
surplecom		mehrere

Vokabel-Check zu den Lektionen 26–30

A) Das Wichtigste zuerst

Wieder bekommst du aus jeder Lektion drei besonders wichtige Vokabel vorgesetzt. Gib ihre Bedeutung an!

Lec. 26:	*usque ad – quasi – gravis*	
Lec. 27:	*sic – videtur – dicitur*	
Lec. 28:	*ullus – ecce – adhuc*	
Lec. 29:	*pellere – studium – hodie*	
Lec. 30:	*mens – alter – pauper*	

B) Deponentia über Deponentia

Ordne den deutschen Übersetzungen die entsprechenden lateinischen Vokabel aus der rechten Spalte zu. Achtung: Zwei deutsche Übersetzungen sind zu viel!

1. *sequi*
2. *loqui*
3. *vereri*
4. *pati*
5. *hortari*
6. *queri*

_____ fürchten
_____ suchen
_____ klagen
_____ folgen
_____ erdulden
_____ auffordern
_____ kommen
_____ sprechen

C) Wer die Wahl hat, hat die Qual

Welche der drei angegebenen Bedeutungen ist die richtige?

1. *notus*	a) ☐ geboren	b) ☐ abstammend	c) ☐ bekannt
2. *tegere*	a) ☐ bedecken	b) ☐ berühren	c) ☐ befragen
3. *gens*	a) ☐ Geist	b) ☐ Art	c) ☐ Volk
4. *sic*	a) ☐ so	b) ☐ wenn	c) ☐ krank
5. *ornare*	a) ☐ schmücken	b) ☐ bitten	c) ☐ fragen
6. *fama*	a) ☐ Hunger	b) ☐ Gerücht	c) ☐ Durst

D) Alles eine Frage der Definition

Setze die gesuchten lateinischen Wörter ein und übersetze sie auch!

1. 753 taten es die Römer mit Rom: ____________________
2. Das Gegenteil von *privatus*: ____________________
3. Wer es begeht, kommt (meistens) hinter Gitter: ____________________
4. Man vergießt sie oft beim Zwiebelschneiden: ____________________
5. Der Träger dieses Männernamens ist sicher glücklich: ____________________
6. Das deutsche Wort „pressen“ leitet sich davon ab: ____________________
7. Wer es ist, erregt zwar nicht in der Sauna, aber sicher in der Öffentlichkeit Anstoß: ____________________
8. Wenn es der Körper ist, ist es angeblich auch der Geist: ____________________
9. Die kälteste Jahreszeit heißt: ____________________

Vokabel-Check zu den Lektionen 31–35 L6

A) Die Top 3 jeder Lektion

Wieder bekommst du aus jeder Lektion drei besonders wichtige Vokabel vorgesetzt. Gib ihre Bedeutung an!

Lec. 31:	*igitur – ergo – ut (+ Konj.)*	
Lec. 32:	*vel – ratio – cum (+ Konj.)*	
Lec. 33:	*ob – certus – uti*	
Lec. 34:	*fieri – supra – talis*	
Lec. 35:	*quoniam – currere – valde*	

B) Genauigkeit siegt!

Welche der drei angegebenen Bedeutungen ist die richtige?

1. *quoniam*	a) ☐ weil	b) ☐ einst	c) ☐ schon
2. *mora*	a) ☐ Tod	b) ☐ Verzögerung	c) ☐ Sitte
3. *mensa*	a) ☐ Geist	b) ☐ Tisch	c) ☐ Volk
4. *aliquis*	a) ☐ der andere	b) ☐ irgendein	c) ☐ irgendeiner
5. *tantus*	a) ☐ so groß	b) ☐ bitten	c) ☐ fragen
6. *ne*	a) ☐ dass nicht	b) ☐ nicht einmal	c) ☐ und nicht

C) Noch einmal Deponentia über Deponentia

Ordne den deutschen Übersetzungen die entsprechenden lateinischen Vokabel aus der rechten Spalte zu. Achtung: Zwei deutsche Übersetzungen sind zu viel!

1. *admirari*
2. *arbitrari*
3. *experiri*
4. *oriri*
5. *aggredi*
6. *proficisci*

_____ aufbrechen
_____ entstehen
_____ versuchen
_____ glauben

_____ auffordern
_____ bewundern
_____ folgen
_____ angreifen

D) Knifflige Fragen, leichte Antworten

Setze die gesuchten lateinischen Wörter ein und übersetze sie auch!

1. Dieses Verb dient als Passiv zu *facere*: ______________________
2. Das englische Wort *doubt* stammt unzweifelhaft davon ab: ______________________
3. Dieses Wort steckt im Gegenteil von „Plural“: ______________________
4. Laut dem römischen Kaiser Vespasian stinkt es nicht: ______________________
5. So heißt das englische Wort *sentence* im Lateinischen: ______________________
6. Das deutsche Wort „Zensur“ leitet sich davon ab: ______________________
7. Ein Synonym zu *aut*: ______________________
8. Dieses Verb steckt im Begriff „Option“: ______________________
9. Die Philosophen besitzen es angeblich mehr als die anderen: ______________________

ÜBUNGEN FÜR IT-AUFGABEN

1. FREMDWÖRTER UND LEHNWÖRTER

Fremdwörter sind Wörter, die aus einer anderen Sprache übernommen wurden und sich dabei nicht stark verändert haben. Ihre Herkunft aus einer anderen Sprache ist also deutlich erkennbar, wie sich z. B. an den vielen Fremdwörtern aus dem **Englischen** (Party, Clubbing, Mountainbike, Softdrink...) oder dem **Griechischen** (Alphabet, Labyrinth, Philosophie, Sympathie, Zentrum...) zeigt.

Besonders viele Fremdwörter stammen aus dem **Lateinischen**:

- der Aquädukt (aus lat. *aquae ductus* = „Wasserleitung")
- die Aggression (aus lat. *aggredi M, aggressus sum* = „angreifen")
- die Addition (aus lat. *addere 3, addidi, additum* = „hinzufügen")
- der Computer (aus lat. *computare* = „rechnen")
- der/das* Virus (aus lat. *virus,-i* **n**. = „Gift")

* Üblicherweise behalten aus dem Lateinischen entlehnte Fremdwörter das Geschlecht der Ursprungssprache bei (deshalb z. B. **der** Terror, weil das lat. Wort *terror,-oris* maskulin ist; **die** Nation, weil das lat. Wort *natio,-onis* feminin ist, etc.). Bei *virus*, das im Lateinischen eine neutrale Ausnahme ist, ist aber neben der neutralen Form „das Virus" auch die Form „der Virus" zulässig – in Analogie zu den meisten lateinischen maskulinen Nomina auf *-us*.

Lehnwörter stammen zwar ebenfalls aus einer anderen Sprache, haben sich aber im Laufe der Zeit an die neue Sprache (Zielsprache) angepasst. Diese „entlehnten" Wörter werden daher oft gar nicht mehr als fremd empfunden, wie die folgenden Begriffe zeigen:

- Fenster (aus lat. *fenestra,-ae* = „Fenster")
- Kloster (aus lat. *claustra,-orum* = „Riegel", „Schloss")
- Straße (aus lat. *strata via* = „gepflasterter Weg")
- Ziegel (aus lat. *tegula,-ae* = „Ziegel")

Fallweise existieren zu einem lateinischen Wort **sowohl Lehn- als auch Fremdwörter**:

➜ lat. *carcer, -eris* („Gefängnis") → Lehnwort: „Kerker" / → Fremdwort: „Karzer"

➜ lat. *moneta, -ae* („Münze") → Lehnwort: „Münze" / → Fremdwort: „Moneten"

NOTA BENE:
Fremdwörter sind leichter zu erkennen als Lehnwörter – bei letzteren ist der fremde Ursprung oft nur mithilfe eines etymologischen Wörterbuchs (Herkunftswörterbuchs) feststellbar.

Ü 1:

Finde zu den aufgelisteten Fremd- und Lehnwörtern das zugrundeliegende lateinische Wort! (**NOTA BENE:** Alle gesuchten Wörter stammen aus dem Grundwortschatz von *MIR*. Zitiere sie in der „Lexikon-Form", d. h. so wie sie im Wörterbuch angegeben sind.)

EXEMPLUM: Auktion = Versteigerung, von lat. *augere 2, auxi, auctum* („steigern")

Fremdwort	Bedeutung des Fremdworts	abgeleitet von lateinisch
Initialen		
Camping		
dividieren		
Sanitäter		
Transvestit		
dominieren		
Initiative		
Traktor		
Kontroverse		
Auktion		
Finale		
defensiv		
Ultimatum		
Autorität		
Antiquitäten		
Relikt		
Frustration		

Ü 2:

Finde im folgenden Text (lateinische Europahymne) zu den alphabetisch aufgelisteten Fremd- bzw. Lehnwörtern jeweils ein sprachlich verwandtes lateinisches Wort (Substantiv, Verb, Adjektiv, Pronomen oder Zahlwort) und zitiere dieses in der rechten Tabellenspalte!

Est Europa nunc unita
et unita maneat;
una in diversitate
pacem mundi augeat.

Semper regant in Europa
fides et iustitia
et libertas populorum
in maiore patria.

Cives, floreat Europa,
opus magnum vocat vos.
Stellae signa sunt in caelo
aureae, quae iungant nos.

Fremd- bzw. Lehnwort	lateinisches Textzitat
Flora	
Justiz	
Pazifist	
Patriot	
Republik	
Signal	
Vokativ	

Ü 3:

Finde zu den alphabetisch aufgelisteten Fremd- bzw. Lehnwörtern jeweils ein sprachlich verwandtes lateinisches Wort (Substantiv, Verb, Adjektiv, Pronomen oder Zahlwort) und zitiere dieses in der rechten Tabellenspalte!

Videtisne igitur, ut de rege dominus exstiterit uniusque vitio genus rei publicae ex bono in deterrimum conversum sit? Hic est enim dominus populi, quem Graeci tyrannum vocant; nam regem illum volunt esse, qui consulit ut parens populo conservatque eos, quibus est praepositus, quam optima in condicione vivendi – sane bonum, ut dixi, rei publicae genus, sed tamen inclinatum et quasi pronum ad perniciosissimum statum. Simulatque enim se inflexit hic rex in dominatum iniustiorem, fit continuo tyrannus.

(Cic. de re publica 2,46)

Fremd- bzw. Lehnwort	lateinisches Textzitat
dominant	
flexibel	
Konditionalsatz	
populär	
Position	
Republik	
Unikat	
Visum	

2. PRÄFIXE UND SUFFIXE

2.1. Präfixe (Vorsilben)

Viele lateinische Präpositionen (siehe S. 35 f.) werden auch für die Bildung zusammengesetzter Wörter (besonders Verben) verwendet. Wenn du die Bedeutung dieser Vorsilben weißt, kannst du dir beim Vokabellernen viel Mühe ersparen, da sich die Bedeutungen solcher **Komposita** (= Zusammensetzungen) dann von selbst ergeben:

EXEMPLUM: *ire* = „gehen" → *ab-ire* = „weg-gehen", *ex-ire* = „hinaus-gehen", *ad-ire* = „hin-gehen" (etc.)

NOTA BENE: Manche Vorsilben verändern sich, indem sie sich an den nachfolgenden Buchstaben anpassen (→ **Assimilation** = Anpassung). Besonders oft ist das bei ***ad-*** der Fall, wie man besonders gut beim Wort *a**ff**erre* (aus ***ad**-ferre*) sieht: Perfekt *a**tt**uli* (aus ***ad**-tuli*), PPP *a**ll**atum* (aus ***ad**-latum*).

Präfix	Bedeutung	Beispiel*
ab- (a-/abs-)	„weg-"	*abesse* = „abwesend sein"
ad- (ac-/af-/ag-...)	„hin-", „heran-"	*adducere* = „hinführen"
ante-	„voran-"	*anteire* = „vorangehen"
circum-	„herum-"	*circumvenire* = „umzingeln"
con- (com-/co-)	„zusammen-"	*convenire* = „zusammenkommen"
	Verstärkung: „heftig"	*commovére* = „heftig bewegen"
de-	„weg-", „herab-"	*deponere* = „weglegen"
dis- (di-)	„auseinander-"	*dividere* = „teilen"
ex- (e-)	„hinaus-", „heraus-"	*exire* = „hinausgehen"
in- (im-)	„hinein-"	*inire* = „hineingehen"
	Gegenteil: „un-"	*immortalis* = „unsterblich"
inter-	„dazwischen-"	*intervenire* = „dazwischenkommen", „vermitteln"
intro-	„hinein-"	*introducere* = „hineinführen"
ne-	Gegenteil: „nicht", „un-"	*nescire, neglegere, negare; nefas*
ob-	„entgegen-"	*obviam* = „entgegen"
per-	„durch"	*pervenire* = „hinkommen"
	(Adj.:) Verstärkung: „sehr"	*permagnus* = „sehr groß"
prae-	„vor(an)-"	*praeparare* = „vorbereiten"
pro-	„vor(an)-"	*procedere* = „vorankommen"
re-	„zurück-"	*reddere* = „zurückgeben"
sub-	„(dar)unter-"	*subesse* = „darunter sein"
trans- (tra-)	„hinüber-"	*traducere* = „hinüberführen"

NOTA BENE: Gelegentlich ändert sich bei Komposita der Vokal des Grundverbs (sog. Vokalschwächung):
Aus *-a-* bzw. *-e-* des Grundworts wird beim Kompositum *-i-*: *capere* → *ac-cipere*, *tenere* → *con-tinere*.

Faustregel: Wenn im Wortstamm eines zusammengesetzten Verbs der Vokal *-i-* vorkommt, ist er meist auf *-a-* oder *-e-* zurückzuführen.

Ü 1:

Was bedeuten die folgenden Wörter? Erschließe ihre Bedeutung aus der Kombination des Präfixes mit dem dir bekannten Wortstamm!

abire	
abscedere	
accedere	
acclamo	
advenire	
anteponere	
antevenire	
circumferre	
circumfluere	
circumspicere	
coire	
conclamare	
conducere	
deportare	
deprimere	
desilire	
dimittere	
distrahere	
eripere	

excipere	
immittere	
incertus	
incredibilis	
inducere	
interregnum	
introire	
negotium	
occurrere	
opponere	
percurrere	
permulti	
praecurrere	
praemittere	
retinere	
subire	
transferre	
transire	
transportare	

Ü 2:

Bei welchen der hier angeführten Verba ist eine Assimilation (siehe S. 70!) festzustellen?

Ü 3:

Suche aus dem folgenden Text alle zusammengesetzten Verba, trenne von ihnen die Präfixe ab und erkläre ihre Bedeutung:

Hic etsi male rem gesserat, tamen tantas habebat reliquias copiarum, ut etiam tum his opprimere posset hostes. Iterum ab eodem gradu depulsus est. Nam Themistocles verens, ne bellare perseveraret, certiorem eum fecit id agi, ut pons, quem ille in Hellesponto fecerat, dissolveretur ac reditu in Asiam excluderetur, idque ei persuasit. Itaque, qua sex mensibus iter fecerat, eadem minus diebus XXX in Asiam reversus est seque a Themistocle non superatum, sed conservatum iudicavit.

(Cornelius Nepos, Themistocles 4,5 f.)

zusammengesetztes Wort (Kompositum)	Präfix (Bedeutung) + Grundwort
opprimere	*ob-* („entgegen") + *premere* („drücken") = „niederdrücken", „überwältigen"

Ü 4:

Wie du im Überblick über die Präfixe auf S. 70 siehst, kann die lateinische Vorsilbe ***in-*** (assimiliert auch *im-*) zweierlei bedeuten: entweder **„hinein-"** oder **„un-"** (= Gegenteil, vgl. im Deutschen „un-bekannt", „un-gut" etc.).

Versuche die Bedeutung der folgenden Wörter herauszufinden und teile sie dann nach der Funktion der Vorsilbe in zwei Gruppen! Bei welcher Wortart heißt *in* demnach „hinein-" und bei welcher „un-"?

incertus – includere – inspicere – indignus – inferre – iniustus – inscribere – infelix – insanus – inhumanus – imprudens – implere – imponere – invadere – improbus – inducere

in- = „hinein-", „darauf-"	*in-* = „un-"

2.2 Suffixe (Nachsilben)

Ein Suffix ist eine Silbe, die hinten an einen Wortstamm angefügt ist und dem Wort eine bestimmte Bedeutung gibt.

Substantiv-Suffixe	Bedeutung	Beispiel
-tor (2.F.: *-toris*)	„Täter" (Nomen agentis)	*genitor* = „Erzeuger", „Vater" (vgl. Dok**tor**)
-trix (2.F.: *-tricis*)	„Tät**erin**"	*genitrix* = „Erzeugerin", „Mutter"
-tudo (*-dinis*)	Eigenschaft (vgl. „-heit")	*pulchritudo* = „Schönheit" (vgl. Ampli**tude**)
-tas *(-atis)* ***-tus*** (*-utis*)	Eigenschaft (vgl. „-keit")	*crudelitas* = „Grausamkeit" *virtus* = „Tapferkeit" (vgl. Quali**tät**)
-ia / -itia *(-ae)*	Eigenschaft, Zustand	*concordia* = „Eintracht", *amicitia* = „Freundschaft"
-tio (*-ionis*)	Handlung	*quaestio* = „Frage" (vgl. Defini**tion**)
-mentum / -trum	Mittel, Werkzeug	*medicamentum* = „Heilmittel" (vgl. Medika**ment**, Instru**ment**)
-ulus / -olus / -ellus	Verkleinerung (Deminutiv; vgl. „-lein", „-chen")	*adulescentulus* = „junger Bursch" *navicula* = „kleines Schiff"

Adjektiv-Suffixe	Bedeutung	Beispiel
-ilis / -bilis	Fähigkeit (vgl. „-bar")	*mirabilis* = „wunderbar" (vgl. varia**bel**, sta**bil**)
-osus 3	Fülle (vgl. „-voll", „-reich")	*gloriosus* = „ruhmvoll" (vgl. glorios, nerv**ös**, dubi**os**)
-ax *(-acis)*	Hang zu etwas	*rapax* = „räuberisch" (zu *rapere* = „rauben")

Ü 1:

Versuche die Bedeutung der folgenden (nicht im *MIR*-Grundwortschatz enthaltenen) Wörter anhand ihres Stammes und des Suffixes zu erschließen!

scriptor	
amator	
liberator	
imperatrix	
victrix	
cogitatio	
paupertas	
homunculus	
libellus (aus *liber-lus*)	
laudabilis	
incredibilis	
bibax	
periculosus	

Ü 2:

Trenne von den folgenden Wörtern die Suffixe ab und erkläre deren Bedeutung!

zusammengesetztes Wort	Suffix (+ Bedeutung) und Grundwort (+ Bedeutung)
rector	Suffix *-tor* (Täter) + *regere* („lenken", „leiten") → „Lenker", „Leiter"
fortitudo	
audacia	
humanitas	
traditio	
ornamentum	
vehiculum	
laudabilis	

2.3. Eingeschobene Silben

Suffixe beim Verbum	Bedeutung	Beispiel
-sc-	Beginn (Incohativum)	*senescere* = „alt werden"
-(i)tare	Wiederholung (Frequentativum)	*agitare* = „immer wieder tun"

Beinhaltet ein Verbum die Silbe *-esc-*, so drückt es den **Beginn einer Tätigkeit** aus.

EXEMPLUM: *adolescere 3* = „heranwachsen" (vgl. *adulescens, -entis* = „junger Mann")

Ü 1:

Was bedeuten die folgenden Wörter?

senescere (vgl. *senex*!)	
quiescere (vgl. *quies*!)	
maturescere (vgl. *maturus/a/um*!)	
pertimescere (vgl. *per* + *timere*!)	
clamitare (vgl. *clamare*)	

3. SYNONYME UND ANTONYME

3.1. Synonyme

Als Synonyme bezeichnet man gleichbedeutende Wörter wie z. B. „glauben“, „meinen“, „vermuten“ und „annehmen“. Oft hört man die Meinung, dass es doch reichlich unnötig sei, Synonyme zu beherrschen, da ja *ein* Wort für das Verständnis eines Textes/einer Aussage ohnehin ausreiche. Das stimmt nicht ganz, denn manche Synonyme unterscheiden sich in feinen Nuancen voneinander und ermöglichen es dem Sprecher gerade dadurch, seiner Aussage feine Zwischentöne zu verleihen. So unterschieden die Römer zum Beispiel bei den Farben Schwarz und Weiß zwischen „glänzend“ und „matt“:

- *niger, nigra, nigrum / candidus/a/um* = „glänzend schwarz / weiß“
- *ater, atra, atrum / albus/a/um* = „matt schwarz / weiß“

Abgesehen von diesen Feinheiten helfen Synonyme natürlich bei der Vermeidung von Wortwiederholungen, wodurch du deinen Stil verbessern kannst. Du siehst also: Es lohnt sich, über ein Repertoire verschiedener Synonyme zu verfügen – erst dadurch kann man zeigen, dass man eine Sprache tatsächlich beherrscht!

Ü 1:

Wie viele Synonyme findest du zum deutschen Wort „deshalb“?

____

Ü 2:

Finde aus den folgenden Wörtern möglichst viele Synonyme zu den Begriffen „glauben“ und „töten“ heraus!

arbitrari – interficere – necare – credere – existimare – caedere – opinari – putare – occidere – aestimare – censere

„glauben“: ______________________________________

„töten“: ______________________________________

Ü 3:

Finde im abgedruckten Text zu den angegebenen lateinischen Begriffen jeweils ein lateinisches Synonym, das derselben Wortart angehört, und zitiere dieses in der rechten Tabellenspalte in der Lexikonform!

Ex Inacho et Argia Io (nata est). Hanc Iuppiter dilectam compressit et in vaccae figuram convertit, ne Iuno eam cognosceret. Id Iuno cum rescivit, Argum, cui undique oculi refulgebant, custodem ei misit; hunc Mercurius Iovis iussu interfecit. At Iuno formidinem ei misit; cuius timore exagitatam coegit eam, ut se in mare praecipitaret, quod mare Ionium est appellatum.

(Hygin 63)

Begriff	Synonym aus dem lateinischen Text
amare	
facies	
necavit	
dicere	

Ü 4:

Suche im abgedruckten Text alle Synonyme zum Wort *aqua* (Zeile 8)!

„Aeternum stagno" dixit „vivatis in isto!"
Eveniunt optata deae: Iuvat esse sub undis
et modo tota cavā submergere membra palude,
nunc proferre caput, summo modo gurgite nare,
saepe super ripam stagni consistere, saepe
in gelidos resilire lacus, sed nunc quoque turpes
litibus exercent linguas pulsoque pudore,
quamvis sint sub aqua, sub aqua maledicere temptant.

(Ovid Met. 6, 369 ff.)

lateinisches Textzitat
1.
2.
3.
4.
5.

3.2. Antonyme

Unter einem Antonym versteht man ein Wort, das genau das Gegenteil eines anderen bedeutet: z. B. schwarz – weiß, gut – böse, reich – arm etc.

In der Rhetorik werden Antonyme dafür eingesetzt, um betonte Gegensätze, sog. **Antithesen**, zu erzeugen, was ein besonders wirkungsvolles Stilmittel darstellt.

Ü 1:

Wie lauten die Gegenbegriffe zu folgenden lateinischen Wörtern aus dem *MIR*-Grundwortschatz? Gib auch ihre Bedeutung an!

laetus (fröhlich)	*iratus* (zornig)
facilis	
pauper	
velle	
discipulus	
abire	

laudare	
interrogare	
amicus	
nullus	
loqui	
servus	

Ü 2:

Finde im abgedruckten Text jeweils einen passenden Gegenbegriff zu den folgenden Begriffen und trage diesen in der rechten Tabellenspalte ein!

Disertissime Romuli nepotum,
quot sunt quotque fuere, Marce Tulli,
quotque post aliis erunt in annis
gratias tibi maximas Catullus
agit, pessimus omnium poeta,
tanto pessimus omnium poeta,
quanto tu optimus omnium patronus.

(Catull c.49)

Begriff aus dem Text	Gegenbegriff aus dem Text
fuere	
pessimus	
poeta	

Ü 3:

Finde im abgedruckten Text die jeweils passenden Gegensatzpaare und trage diese in der rechten Tabellenspalte ein!

Gaudeamus igitur,
iuvenes dum sumus!
Post iucundam iuventutem,
post molestam senectutem
nos habebit humus!

Vita nostra brevis est,
brevi finietur.
Venit mors velociter,
rapit nos atrociter,
nemini parcetur.

Ubi sunt, qui ante
nos in mundo fuere?
Vadite ad superos,
transite ad inferos,
ubi iam fuere!

Begriff aus dem Text	Gegenbegriffe aus dem Text
iucundam iuventutem	
vita	
ad superos	

4. WORTFAMILIEN, WORT- UND SACHFELDER

4.1. Wortfamilien

Eine **Wortfamilie** besteht aus Wörtern, die von derselben Wortwurzel (demselben Wortstamm) gebildet sind. Die „Mitglieder" einer solchen Familie können aus verschiedenen Wortarten stammen (meist Substantiva, Adjektiva und Verba):

- *cupere M, cupivi, cupitum* = „wünschen", „begehren"
- *cupidus/a/um* = „gierig"
- *cupiditas, -atis / cupido,-inis* = „Gier"
- *Cupido* = „Amor" (Gott der Liebe)

Ü 1:

Ergänze die zur (Wort-)Familie „König" gehörenden Wörter!

regnare	„herrschen"
	„(Königs-)Herrschaft"
	„König"
	„Königin"
	„königlich"
	„lenken", „leiten"
	„Lenker", „Leiter"

Ü 2:

Liste in der Tabelle drei lateinische Begriffe aus der Wortfamilie „herrschen" auf, die im abgedruckten Text vorkommen!

Quare cum penes unum est omnium summa rerum, regem illum unum vocamus, et regnum eius rei publicae statum. Cum autem est penes delectos, tum illa civitas optimatium arbitrio regi dicitur.

(Cicero, De re publica 1,42)

lateinisches Textzitat
1.
2.
3.

4.2. Wort- und Sachfelder

Unter **Wort-** bzw. **Sachfeld** versteht man eine Gruppe von Wörtern, die in einem inhaltlichen Zusammenhang stehen, aber nicht dieselbe Wortwurzel haben.

- **Wortfeld** = Wörter derselben Wortart (z. B. zum Thema „Fortbewegung": „gehen", „laufen", „spazieren", „wandern", „hüpfen" …)
- **Sachfeld** = Wörter unterschiedlicher Wortarten (z. B. zum Thema „Fortbewegung": „gehen", „Fahrrad", „schnell" …)

Ü 1:

Liste alle lateinischen Begriffe aus dem Wortfeld „Pflanzen" auf, die im abgedruckten Text vorkommen, und gib auch ihre Bedeutung an!

Silva coronat aquas cingens latus omne suisque
frondibus ut velo Phoebeos submovet ictus;
frigora dant rami, Tyrios humus umida flores:
Perpetuum ver est. Quo dum Proserpina luco
ludit et aut violas aut candida lilia carpit,
dumque puellari studio calathosque sinumque
inplet et aequales certat superare legendo,
paene simul visa est dilectaque raptaque Diti.

(Ovid, Met. 5, 388–395)

lateinisches Textzitat
1.
2.
3.
4.
5.
6.

Ü 2:

Liste in der Tabelle zehn lateinische Begriffe aus dem Wortfeld „Tiere“ auf, die im abgedruckten Text vorkommen, und gib auch ihre Bedeutung an!

Ille supra segetes aut mersae culmina villae
navigat, hic summā piscem deprendit in ulmo. (...)
Et, modo qua graciles gramen carpsere capellae,
nunc ibi deformes ponunt sua corpora phocae.
Mirantur sub aqua lucos urbesque domosque
Nereides, silvasque tenent delphines et altis
incursant ramis agitataque robora pulsant.
Nat lupus inter oves, fulvos vehit unda leones,
unda vehit tigres; nec vires fulminis apro,
crura nec ablato prosunt velocia cervo.

(Ovid, Met. 1,295–306)

lateinisches Textzitat
1.
2.
3.
4.
5.

lateinisches Textzitat
6.
7.
8.
9.
10.

Ungefähr so stellt sich der berühmte römische Dichter Ovid in seinen *Metamorphosen* die Welt nach der großen Flut vor, die die Götter aus Verärgerung über das verdorbene Menschengeschlecht verursacht haben (siehe Text oben).

Ü 3:

Liste alle lateinischen Begriffe aus dem Sachfeld „Krieg“ auf, die im abgedruckten Text vorkommen, und gib auch ihre Bedeutung an!

Horum omnium fortissimi sunt Belgae, propterea quod a cultu atque humanitate provinciae longissime absunt, minimeque ad eos mercatores saepe commeant atque ea, quae ad effeminandos animos pertinent, important, proximique sunt Germanis, qui trans Rhenum incolunt, quibuscum continenter bellum gerunt. Qua de causa Helvetii quoque reliquos Gallos virtute praecedunt, quod fere cotidianis proeliis cum Germanis contendunt, cum aut suis finibus eos prohibent aut ipsi in eorum finibus bellum gerunt.

(Caesar, Bellum Gallicum 1,1)

lateinisches Textzitat
1.
2.
3.
4.

lateinisches Textzitat
5.
6.
7.

Sie waren für die Kriegsführung zuständig: der wilde Mars (griech. Ares) und die kluge Minerva (griech. Pallas Athene).

Mit Bescheid des Bundesministeriums für Bildung, Wissenschaft und Forschung vom 20. April 2020, GZ 2020-0.035.795, gemäß den Lehrplänen 2012 als für den Unterrichtsgebrauch an allgemein bildenden höheren Schulen für die 3.-4. Klasse an allgemein bildenden höheren Schulen – Unterstufe und die 5.-6. Klasse an allgemein bildenden höheren Schulen – Oberstufe im Unterrichtsgegenstand Latein empfohlen.

Schulbuchnummer: **200.588**

1. Auflage (2020)
Auf umweltfreundlichem Papier gedruckt bei: siehe https://produkt.veritas.at/46028#additional
Lektorat: Barbara Strobl-Kirnbauer
Herstellung: Tina Kiesenhofer
Bildredaktion: Raffaela Schuster
Umschlaggestaltung und Layout: Tina Kiesenhofer
Illustrationen: Alois Jesner
Satz: satz@wolkerstorfer.at

ISBN 978-3-7101-3830-0